熊大叔
讲文史

危来机来

# 昭宣中兴

肖彧 著

北京出版集团公司
北京少年儿童出版社

**图书在版编目（CIP）数据**

危来机来昭宣中兴／肖戫著. — 北京：北京少年
儿童出版社，2020.2
（熊大叔讲文史）
ISBN 978-7-5301-5853-1

Ⅰ．①危… Ⅱ．①肖… Ⅲ．①中国历史—西汉时代—
少儿读物 Ⅳ．①K234.109

中国版本图书馆 CIP 数据核字（2019）第279514号

熊大叔讲文史
**危来机来昭宣中兴**
**WEI LAI JI LAI ZHAOXUAN ZHONGXING**
肖　戫　著
＊
北 京 出 版 集 团 公 司
北 京 少 年 儿 童 出 版 社　出版
（北京北三环中路6号）
邮政编码：100120
网　　址：www．bph．com．cn
北 京 出 版 集 团 公 司 总 发 行
新 华 书 店 经 销
北京博海升彩色印刷有限公司印刷
＊
787 毫米×1092 毫米　　16 开本　　13.25 印张　　165 千字
2020 年 2 月第 1 版　　2020 年 2 月第 1 次印刷
ISBN 978－7－5301－5853－1
定价：38.00 元
如有印装质量问题，由本社负责调换
质量监督电话：010－58572393

# 熊大叔送你的三个礼物（序）

熊大叔今天乐呵呵地捧着这4本书送给你，多谢你在翻到正文之前，先看这篇简短的序言。

打开这本书，你能获得熊大叔送你的三个礼物。

第一个礼物，是一列火车。没错，火车，而且是攀上高原的加氧列车。

很多人到了青藏高原会有高原反应，严重的会病倒，甚至会死去。可如果你坐着加氧列车上高原，过海拔5200多米的唐古拉山口，就不会有问题，因为车厢里加了氧气，乘客可以在没有高原反应的情况下饱览雪域美景。

如果说《资治通鉴》是中国历史学的青藏高原，那么这套"熊大叔讲文史"就是一列加了氧气的列车。熊大叔反复读过《资治通鉴》后，换一种语态讲述它、解读它，让你行云流水般通读《资治通鉴》，轻松梳理1300多年的历史风云，看懂中国人的精气神和文化底蕴，却不会有直接阅读原著的困难。等你产生了兴趣，积累了语言功底，在时机成熟时，你自会去阅读经典原著，就像一个驴友自己背着包上高原。

第二个礼物，是一个画展。是的，画展，而且是带着历史智慧的画展。

这套书有两种图。一种是画家画的漫画。这些漫画能够恰到好处地把文字的味道，用色彩和线条勾勒出来，并且加上了一种特殊调味料，那就是画家自己对历史故事、历史场景和历史智慧的理解。坐在开往高原的加氧列车上，看着这些精心创作的漫画，你得到的不只是视觉享受，更是艺术熏陶和设计濡染。

另一种图，是熊大叔手绘的地图，用来描述历史事件发生的环境和事件的态势。简单地说，"无地图不历史"——搞不清方位，就不知道妙计妙在何处；辨不明东西，就看不懂牛战略牛在哪里。比如项羽彭城反击刘邦，如果搞不清项羽行军路线的诡谲，不知道那里的山川梗阻，就无法理解为什么5万人能够击溃50万人！

熊大叔不是专业画家，我的手绘地图画得很粗糙，值得你们鄙视，呵呵。那么你们就可以超越我，画得比我更漂亮、更精准，最终形成在历史学习中手不离图的良好习惯，并因此受益终身。

第三个礼物，是一个小灶。是的，小灶，而且是只对你开的国学小灶。

在这套丛书里，不仅有历史知识，还有关于中国古代文化的一些小板块，叫作"国学小课堂"，有了这个专门给小读者开的小灶，你就能更好地理解中国古代历史中的一些基础而关键的概念，掌握一些古代语言的小知识，慢慢积累，渐渐长知识，等到了系统学习古文时，就会有似曾相识的感觉。

比如谥号和庙号有什么区别，为什么一个地方叫淮阳而另一个地方叫淮阴，为什么"佛狸"的读音是"bìlí"，为什么古代兵器尺寸都是偶数，为什么孙坚的4个儿子的字分别是伯符、仲谋、叔弼、季佐。

三个礼物，饱含熊大叔的心意和心血，藏在一套4本书里，带着精美绝伦的封面，眨着眼睛热切地看着你，希望你喜欢，希望你获益，希望你带它回家。

让孩子
喜欢上历史
是我
莫大的成就
（代序）

肖彧

《资治通鉴》，我通读了3遍，读大学时看完第一遍，基本是看故事，其余学问，马虎过去了。

在兰州工作时通读了第二遍，这一遍就精细很多，开始写札记。

到北京工作以后读了第三遍，札记做得更细。

假如要逃难，而且只能带一本书，就很为难。我那么喜欢《资治通鉴》，可它是卷帙浩繁的整整20本啊。

朋友说你可以带电子版。

但是逃难中可能没法充电啊。

人家说你神经啊，逃难还带书！

逃难中只能带一本书，对于爱书的人来说是一种酷刑，因为得忍痛割爱，而爱又太博，所以痛得更惨烈。所有惨烈中，割舍《资治通鉴》是最难的，因为它实在是一部学史学、学文学的上选巨著。

所有的书都多少有点问题，《资治通鉴》的问题是立场保守，和司马迁反专制、歌颂反抗相比，司马光是维护专制、讴歌忠顺的。但是瑕不掩瑜，这个立场不能掩遮它的光辉啊。故事精彩、文笔生动、内容博大，简直就是一部穿着历史外衣的百科全书。

我看了好几遍，觉得这部书就是纸上的中国精神博物馆。

不错，司马光和他的团队记录了很多权谋的诡诈和暴力，记录了人性黑暗的一面，但更记录了光明的一面，比如开明的君主怎样看待老百姓，忠诚的文臣怎样报效国家，勇敢的将士怎样保卫江山，智慧的外交家怎样纵横捭阖，常胜的将帅怎样智计百出，善良的普通人怎样坚守节操，实干的改革者怎样除旧布新。

不错，王朝轮回，历史有规律、有周期性，中国人很长时间走不出历史的三峡，但美好的就是美好的，有价值的就是有价值的。

我总是推荐朋友看这部书，因为我认为这座精神宝库里的很多事、很多人不该被湮没、被遗忘，应该拿出来好好重温，让今天的中国人知道：我们曾经有过这样的人格、这样的气魄、这样的格局、这样的精神力量。

所有这些，都被精彩的历史叙述文笔包裹了起来。

鲁迅说《史记》是"史家之绝唱，无韵之离骚"，特别欣赏它卓越的文学性。

司马迁的文笔特点是在历史叙述中加入大量文学化的合理想象，这既是他为了安全而做的设计，也是中国古代历史学上游本身的一个特征，毕竟历史学和文学乃至神学脱钩需要一个过程。而司马光的特点是在冷静的历史叙述中辗转腾挪，在极其有限的空间里将文学性发挥到极致，而不是虚构情节。

这里只举一个例子：

"暗江云合。"

你觉得这是什么意思？

这4个字形容的是讨伐"侯景之乱"，梁朝水军的楼船在江面上集结，无数船帆像云阵，遮住了阳光，让长江江面都暗了下来。

你看，我用了这么多字，史书只用了4个字。

三家分晋、窃符救赵、长平之战、楚汉相争、昆阳之战、刘秀开国、隆中对、赤壁之战、司马懿兵变、淝水之战、萧衍起兵、唐朝开国、玄武门之变、安史之乱……司马光善于写战争，但又不是沉迷于打打杀杀，而是特别着力写决策，写双方得失，写历史背景，因为这套书的初衷，就是总结历史教训，让人们避免重蹈覆辙。

一般来说，乱世历史都比治世历史精彩。治世固然太平，但体现在历史文本上，会显得平淡枯燥。乱世虽然意味着百姓苦难，但也确实给无数强者提供了机会，结果就是各种能人都井喷般登台。运筹帷幄者、武功盖世者、权谋过人者、纵横捭阖者，都得到了展示能力的无限空间。

同时乱世也用极端形式检验了人性，其结果是魔鬼和天使，面孔都无比清晰。屠夫在乱世中更加肆无忌惮地屠戮，而仁者在乱世中也更显其价值。有人总是屠城，有人决不滥杀无辜；有人为了目的不择手段，有人宁肯牺牲自己也不牺牲原则、不跨越底线。

而司马光的做法，就是用他的价值观为背景，把这些故事都排布在那里，给帝王做镜鉴，让后人得教训。对我们今天的人来说，它对于治国理政依然有参考意义，对一个人的学习成长而言，也依然是一座文化宝库。

我喜欢这套书，把它列入必读书。有人说，熊，你给我介绍一本好看的书吧，我就说《资治通鉴》，导致很多人很恨我，觉得我瞎说，呵呵。

可它就是很好看啊。

所以，我准备每天给犬子桃贝勒读一点《资治通鉴》，给他好好讲解。一次不求太多，十来分钟即可，这样一天天攒下来，集腋成裘、细水长流，给他讲到高中，也了不得了。

朋友说你给一个人讲也是讲，给一群人讲也是讲，不如办一个文史小课堂，用语音授课方式，给大家讲呗。

我虽然平常拖拖拉拉、松松垮垮，但想清楚的事情还是雷厉风行的，于是就开始讲了。

我在报纸上开专栏的时候，用的笔名之一是"导弹熊"，后来开微信公众号，也是用这个名字。以前我年轻，人们叫我小熊，后来人家叫我熊哥，现在我过了40岁，就有人叫我熊叔了。

好吧，那就叫"熊大叔文史小课堂"吧。

我试着讲了几节课，发现大家好像还挺喜欢听，于是就"人来疯"，决定一直讲下去，讲到熊大爷为止。我的课，主要沿着《资治通鉴》这条大河往下走，但是很多时候会加入《史记》《汉书》《后汉书》《三国志》等二十四史里的资料，让故事更丰满，背景更丰厚。

同时，还会讲一点古代汉语、古代文学的东西，以便小听众们轻松地积累国学知识，这部分叫"国学小课堂"。

"熊掌"虽然笨拙，但是也能画两笔，我喜欢用简洁的地图来帮助小朋友理解历史事件。"无地图不历史"，行家都是这样的，啊，这种自夸挺符合熊的性格。

我给自己的课定了一个口号，叫"每天听课10分钟，一条小虫变小龙"。核心意思，当然是学习从量变到质变，修身从点滴到江河。

有些小听众的爸爸妈妈不喜欢这句，可能是觉得委屈了他们的孩子，觉得"小虫"这个说法不好。但我觉得，所有人的一生都是能不能从蛹到化蝶的一生，都是鲤鱼跳龙门的一生，都是从凡马到真龙的一生。有的人征服了自己、超越了自己，最后升华了；有的人安于现状不求质变。无论如何，这句口号的重心在"变小龙"，只要你最终变了，你原来是什么并不重要。

北京少年儿童出版社出过很多好书，我家里书架上就有不少。图书策

划人穆怀黎女士青眼有加，提出要出版我讲课的内容。我一方面很兴奋，感到很荣幸；另一方面也忐忑不安。在我看来，出书是很大的事情，要慎重，书的品质要经得起推敲。

我自己不是历史学科班出身，是中文系毕业，喜欢历史，充其量是一个爱好历史的"半瓶醋"。用来讲课的内容，也不会太深，我也缺乏考证探究的专业能力。所以我说出来的话，即便是翻译《资治通鉴》，也可能有些问题，更何况还有一些内容只是我自己的个人观点。所以我深恐自己误人子弟，留下白纸黑字的"罪证"。

所幸，出版社有丰富的经验和严格的审校流程，在史实和文字上都精益求精，使我因为马虎潦草而造成的错误可以减少到最低程度。

出版社还为我的内容配了精良的插图，让孩子们免于视觉疲劳，获得多重享受。

如果这套书能让孩子们爱上《资治通鉴》、爱上历史，那将是我莫大的成就。

出这样一套书，对我自己是一种鞭策，它激励我更加认真地对待讲历史这件事，更加精细地考证我所采用的历史故事，更加严格地解释我所引用的国学常识，当然，也让我更加热爱历史经典名著，热爱我们这个民族沉淀在时光中的精神瑰宝。

絮絮叨叨说这些，权当序言吧。

危来机来昭宣中兴

# 目录

危来机来昭宣中兴

■ 目录

# 01

# 西汉也有巡视组

汉武帝实行盐铁专卖和平准制度，由政府垄断重要物资，这是经济上的一个重要改革。汉武帝元封五年（公元前106年），西汉还在行政区设置上推行了重大改革，那就是把天下划分为13个刺史部，在原先冀州、幽州、并州、兖州、徐州、青州、扬州、荆州、豫州、益州、凉州这11个州的基础上，增加了南方的交趾部和北方的朔方部，总共13个。刺史部其实是中央派出机构，每个部下面都有若干郡县。

这里需要交代一下汉武帝之前的行政区划。周朝以前，也有一套说法，但是我们不必当真，因为以传说为主，缺乏历史材料包括考古证据的支持。据说周朝把天下分为九州：扬州、荆州、豫州、青州、兖州、雍州、幽州、冀州、并州。但是周朝又实行分封制，诸侯国的数量远远超过九州数量，又大小不一，这就决定了有的一个诸侯国就占据一个甚至不止一个州，而有的好几个才装满一个州。

到了秦朝，实行彻底的郡县制，行政区划上没有了上面这九州的概念，准确地说它们从行政区划变成了人们脑海中的一种地理方位名词。秦朝是把天下划分为36个郡，每个郡的最高长官叫郡守，一把手。郡守的副手叫丞。他们之下，有两个尉，分别管理地方卫戍部队和司法治安。

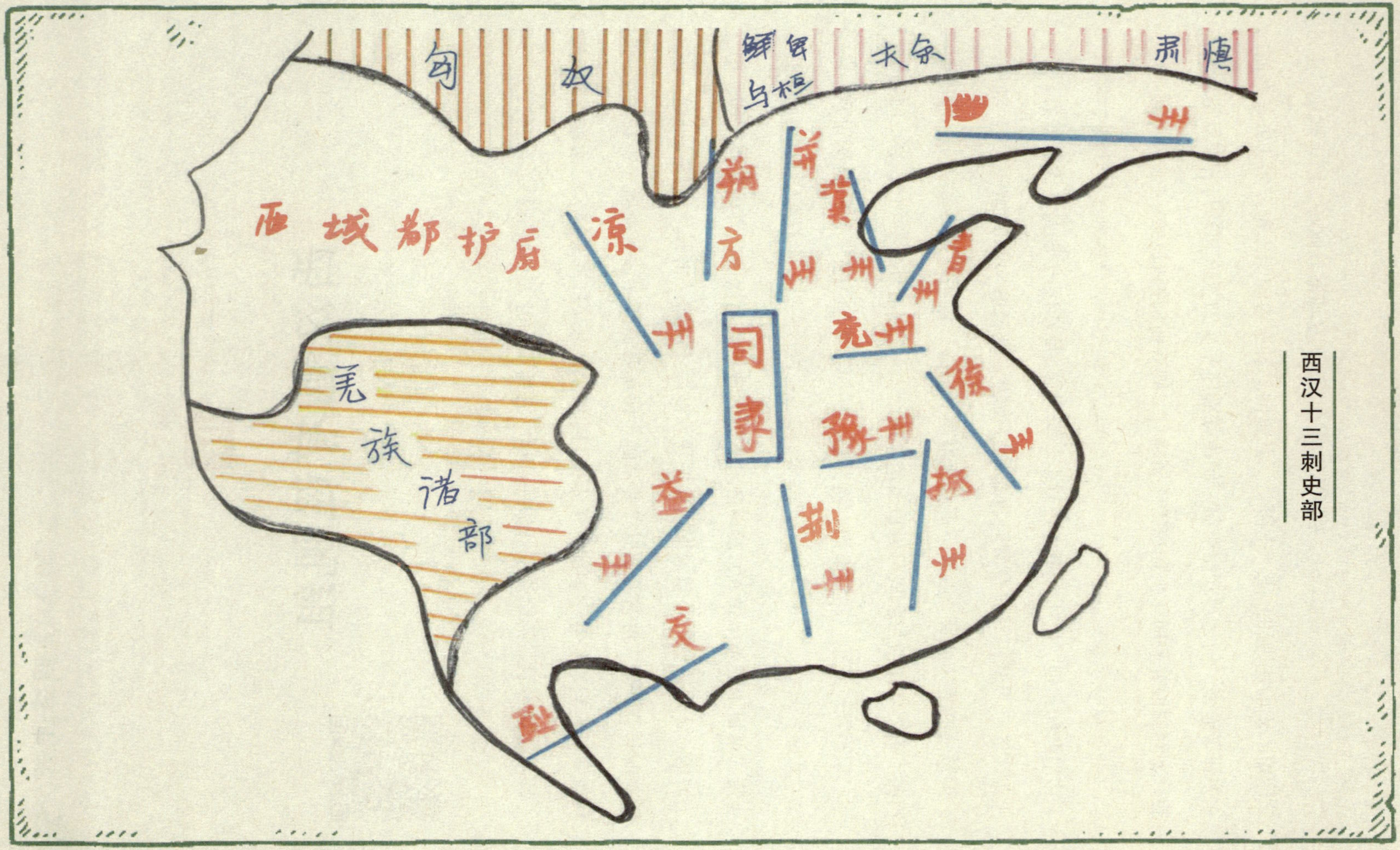
匈奴
鲜卑
乌桓
夫余
肃慎
西域都护府
羌族诸部
凉州
朔方
并州
冀州
幽州
青州
兖州
徐州
司隶
豫州
扬州
荆州
益州
交趾

西汉十三刺史部

西汉成立，刘邦推历史倒车，在秦朝好端端的郡县制里，又插入了诸侯国，结果就是西汉很多年既有郡县又有诸侯国。到了汉武帝元封六年（公元前105年），武帝大笔一挥，推倒重来，将行政区整合为13个刺史部，最高长官就是刺史。

现在要详细解释一下刺史这个官职，因为这个职务出现后，权力越来越大，到了东汉后期，他们就变成了军阀，最后催生出了三国。秦朝实行郡县制，朝廷专门设立了一个官职，叫郡监御史，也就是监察郡县的御史。西汉成立后，这个职务被废除了。汉朝最初的做法是让丞相手下的高级幕僚、高级文官出去巡察监督各郡县，这种巡察有点像今天的巡视小组，是不定期的，巡察官并不是一个固定的官职。汉武帝把天下分为13个刺史部，每个部地方都很大，不定期巡察管不过来，他就给每个刺史部都配备了一个刺史，俸禄是600石。

大家注意，刺史部下面的郡，郡守俸禄是2000石，而负责监督郡县的刺史，俸禄才600石，3：10，这能镇住吗？其实这就是汉武帝加强中央集权的考量：刺史虽然俸禄低，但是权力大；郡守虽然俸禄高，却要受刺史监督；郡守要是有问题，刺史是可以直接上报给朝廷的，他代表中央。那个刺字，就代表了刺探、探查的意思。下面的官员，除了一部分的确是清廉、正直、敬业的，谁没个大小毛病啊，谁不怕来刺探的钦差大臣啊。所以一来二去，这个俸禄低的刺史，反倒压在俸禄高的郡守头上，权力越来越大。到了东汉的时候，就已经是封疆大吏，不再搞巡察，而是直接固定在一方，掌握军事、政治、财政大权，在辖区呼风唤雨了。

关于刺史的职责，历史材料是这样说的：刺史每年春天从首都长安出发去巡察自己负责的那个州，每到一个郡或者诸侯国，当地要派一个小官在边境上

我要"查查查"！

迎接。他们到了地方，主要是过问6件事，即"六条问事"，此外的都不管。哪6条呢？第一条："强宗豪右田宅逾制，以强凌弱，以众暴寡。"就是那些有钱有势的地方大家族，房子盖得超越了标准，霸占的土地也太多，仗势欺人，鱼肉乡里。第二条："二千石不奉诏书遵承典制，倍公向私，旁诏守利，侵渔百姓，聚敛为奸。"就是郡守这样的高级干部，不遵守皇帝的指令，违反纪律和制度，营私舞弊，打着朝廷的旗号办私事，侵害老百姓利益，捞钱办坏事。第三条："二千石不恤疑狱，风厉杀人，怒则任刑，喜则淫赏，烦扰刻暴，剥截黎元，为百姓所疾，山崩石裂，祅祥讹言。"就是高级干部不仔细查办案件，造成冤案，草菅人命，讨厌谁就滥用刑罚，喜欢谁就大手大脚地赏赐，剥削压榨甚至杀害老百姓，被人民所痛恨，山体崩塌，出现了诡异的自然现象和妖言惑众。第四条："二千石选署不平，苟阿所爱，蔽贤宠顽。"就是

地方最高级长官选拔任用官员不公平，自己喜欢的就重用提拔，怎么着都行，埋没人才，打击正直官员，宠爱那些没有本事但是善于溜须拍马的老油条。说你行你就行，不行也行；说你不行你就不行，行也不行。第五条："二千石子弟恃怙荣势，请托所监。"就是郡守的家里人仗着郡守的权势胡作非为，利用权力为监管对象办事，从中牟取好处。第六条："二千石违公下比，阿附豪强，通行货赂，割损正令也。"就是高级干部和大商人、大地主勾结，和黑社会勾结，收受贿赂，充当他们的保护伞，以至于损害了中央政令。以上这6条，就是刺史的监察职责所在。

规定很细致，主要是监督郡守，用今天的政治术语来表达，就是关注"关键少数"，盯住高级干部，还要盯住他们的亲属。可以说，为了防止地方官损害政府形象，损害百姓利益，西汉朝廷算是考虑得很细致了。但是这中间有没有什么问题呢？最大的问题，就是这么多的职责，这么繁杂的监督权力，都集中在刺史手上，这就产生了几个弊端。第一，他管不过来，又不可能让老百姓去参与监督，那时候也不存在媒体监督这个概念，所以这种监督是不靠谱的，被抓住的算是倒霉，逃脱的逍遥法外。第二，刺史自己也是人，每个人的思想、性格、爱好都不一样，因此也会良莠不齐。他们也有私心，掌握这么大的权力，面对种种诱惑，他们也难免出问题。第三，刺史监督郡守，谁又监督刺史？所以最后刺史不能解决地方腐败问题，反倒自己也腐败了。

朝廷认为原因在于刺史权力不够大，于是不断加大权力，最后刺史成了地方实力派，要兵有兵，要粮有粮，朝廷反倒管不住了。此外我们也要深刻地认识到，刺史要查办的那些罪行，有的是个人品质问题，有的是当时的政策导致的，还有的是西汉的政治体制和权力格局决定的，不是说查办几个郡守，甚至砍几颗人头就能搞定的。但是对于汉武帝来说，他用这种制度设计，加强了对

地方的控制，实现了中央集权的初衷。

这时候，汉武帝很烦恼地发现，朝廷里没有几个像样的栋梁之材了。他曾经对汲黯说："天下不缺人才，只是缺少善于发现的眼睛，千里马很多，伯乐不常有。"但是到了汉武帝元封五年（公元前106年），经过讨伐朝鲜，他发现既缺乏前方的优秀将领，也缺乏后方的行政人才，于是他发出了历史上著名的《求才诏书》，这个诏书是汉武帝亲自起草的，非常短，但是非常经典，直来直去却回味悠长，没有一个多余的字，但信息量很大。作为一篇优秀的公文，被选入了《古文观止》：

盖有非常之功，必待非常之人。故马或有奔踶而致千里，士或有负俗之累而立功名。夫泛驾之马，跅弛之士，亦在御之而已。其令州、郡察吏，民有茂才、异等可为将、相及使绝国者。

——《武帝求茂才异等诏》

　　要想建立不同寻常的功勋，必须依靠不同寻常的人才。所以有的马匹喜欢尥蹶子、不听话，却能够奔驰千里；有的士人从世俗角度看是有毛病的，名声不好，却能够干大事、成就功名。容易掀翻车子的马，不拘小节的人，不是不好，就看你怎么用，怎么扬长避短。现在，各州各郡要在基层官员和老百姓中间选拔有文化、有特殊本领的

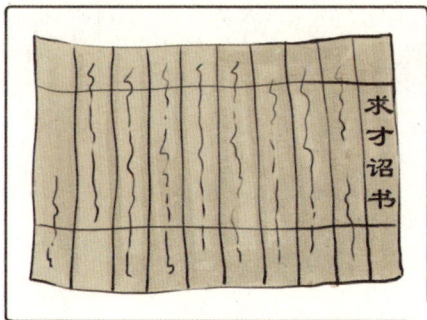

求才诏书

人，来朝里担任丞相、将军和出使遥远国度的外交官。

这个诏书体现了汉武帝的魄力和气度。第一是强调了能力，不去特别强调个人的品德，因为有本事的人往往也有毛病，看起来完美无缺的人往往也是庸人。第二是官员和老百姓机会均等，都可以获得推荐，只要你有本事，汉武帝用人不看身份，英雄不问出处。第三就是出手很大气，不是说选拔你先当个村官，然后一步步升职，直接就是高级干部，这样的话，有勇气来的本身就不是凡人。这个诏书显示了汉武帝用人的大气度、大手笔，但也折射出汉帝国的人才危机，这样的危机，在接下来的战争中就暴露得更加充分了。

## 国学小课堂

九州的说法，最早出自《禹贡》，是《尚书》中的地理著述。按照《禹贡》的说法，最早是大禹把天下分为九州。但是在大禹时代，这个部落联盟首领统治的区域，应该远远小于《禹贡》中的九州面积。《禹贡》据说是周代的著作，但中国和日本的一些研究者认为它更可能是战国时期的产物，因为其中一些地理名词，是战国时期才有的。

## 02

# 倾国倾城人和马

汉武帝不拘一格、不惜血本地面向全国干部、群众选拔军事、政治、经济、外交人才，气魄非常大。这个时候，原先那些特别能干的文武将相老的老、死的死，汉帝国面临着严重的人才断档，汉武帝不能不急。他对外大规模扩张，迫切需要能开拓、能交涉、能斡旋、能纵横捭阖的外交人才。此前张骞两次通西域，第二次是在霍去病打通河西走廊之后。这次一个重要的收获是把大量的物种从西域带到了中原，比如葡萄、苜蓿、胡萝卜的种子，都是张骞从西域带回来的。这就丰富了我们的食谱，是非常重大的文明贡献。

西域也渐渐意识到，和汉朝打交道非常划算，你带点东西来，汉武帝很高兴，还给你的东西是加倍的，这是有利可图的，于是大家纷纷往长安这边来，丝绸之路就开始出现雏形。西域小国家愿意归附汉朝，可是也有例外。有一个国家叫大宛国，差不多在今天的土库曼斯坦一带。它产名马，尤其是汗血宝马。《射雕英雄传》里郭靖骑的小红马就是汗血宝马，千里马。大宛国不愿意依附汉朝。它离得远，它觉得你汉朝能把我怎么样？再说我过得挺好，不稀罕你那些赏赐。可是这一头，汉武帝非常眼馋大宛国的好马。汉武帝对匈奴作战，主要靠大规模骑兵战术，对马的要求非常高，他急切地想改良中原的马种。

此前汉武帝曾经在酒泉的渥洼池得到一匹好马，马上命名为天马，还让人们作曲来赞美它。以至于当时汲黯很生气，他说："音乐这个东西是非常神圣的，老祖先留下来是用来唱正事的，唱贤君、赞贤臣、正能量、树榜样，你怎么能用来唱畜生呢？"他当众说汉武帝不务正业，拿音乐拍马屁，怎么有脸见列祖列宗。当时汉武帝很生气，但这丝毫不能阻止汉武帝寻求骏马的脚步。

汉武帝派了一个壮士，名叫车令，让他带了上千斤的黄金，还带了一座黄金的马雕塑，去见这个大宛国的国王毋寡："我们的皇帝陛下想用这金马来换你们的马，希望你能够答应。"

山高皇帝远，毋寡很张狂，他不知道此时的汉朝有多么厉害，也不了解跟汉朝翻脸会有什么严重的后果："我们不需要你的金马，你也别跟我废话，我的马一匹也不给你，这是我们的宝贝，我们的核心资产，凭什么给你？"

据说现在土库曼斯坦的汗血宝马也是不会轻易输出的，有时候给其他国家元首送马，送的也是阉割过的公马，这是保护物种资源的一种措施。古代大宛国也是这样，不轻易输出汗血宝马。

车令其实不是一个职业外交家，他就是胆子大、有勇气，算是个壮士，所

音乐这个东西是非常神圣的，老祖先留下来是用来唱正事的，唱贤君、赞贤臣、正能量、树榜样，你怎么能用来唱畜生呢？

以汉武帝让他去执行这个有点风险的任务。他沉不住气了，又没别的手段，一怒之下，当着大宛国国王的面，砍碎了那个小金马。意思是：你的马我不要，我的马你也别拿。

受到汉使的当面羞辱，毋寡很愤怒。他让邻国郁成王偷袭了车令，人杀了，钱抢了，用下作的犯罪手段来泄愤，捎带还劫了财。

对于汉朝来说，这真是奇耻大辱。汉武帝太初元年（公元前104年），汉武帝决定派贰师将军李广利征讨大宛：我们的人不能被你白杀了，代表大汉天威的堂堂使者，你说杀就杀，这种羞耻是朕不能忍的。

李广利是李夫人的哥哥，李夫人又是汉武帝的宠妃。李夫人是怎么到汉武帝身边的呢？这又得说李夫人的另一个哥哥李延年。李延年是宫廷音乐家，他发现汉武帝特别喜欢美色，于是动了心思：我妹妹很漂亮，是不是也可以嫁给皇帝？李延年很聪明，他没有直接给汉武帝做媒，而是给汉武帝唱了一首歌："北方有佳人，绝世而独立。一顾倾人城，再顾倾人国。宁不知倾城与倾国，佳人难再得。"

成语"倾国倾城"就是从这来的。

"北方有佳人，绝世而独立。"没有人能比得上她。

"一顾倾人城，再顾倾人国。"地球人都被她迷倒了。

"宁不知倾城与倾国，佳人难再得。"这样的绝色美女，太罕见，太难得到。

这首歌的高明之处在于并不直接描写美女的容貌，而是写美的影响力，瞬间就让汉武帝痴迷了，他问李延年："这世上真有这样的美女吗？"李延年说："有啊，我妹妹就是。"汉武帝说："那你带来给我看看。"

这一看一见钟情，汉武帝坠入爱河，不能自拔，非常喜欢李夫人。李夫人给汉武帝生了一个儿子，取名刘髆，封为昌邑王。可惜天妒红颜，李夫人很年

北方有佳人，绝世而独立。
一顾倾人城，再顾倾人国。
宁不知倾城与倾国，佳人难再得。

轻就去世了，留下遗言给汉武帝："拜托陛下照顾我的兄弟姐妹。"

兄弟姐妹中就有李广利。汉武帝为了报答李夫人，也是寄托哀思，给李广利封了一个官职。汉朝的风气是：就算你是皇亲国戚，如果没有功劳，在别人面前也是抬不起头的。汉武帝一直在找机会让李广利立功。现在既然要征讨大宛，那就派李广利去吧。

此次出征的目标是打到大宛一带的贰师城，所以任命李广利为贰师将军。他带了6000骑兵，好几万步兵，发起对大宛的远征。出于惯性思维，汉武帝觉得对付一个小国，这么多人够了吧？但实际上根本不是那么回事。从长安出发去大宛，上万里路，中间这些小国家听说汉朝要去打大宛了，搞不清楚胜败如何，纷纷观望。他们关闭城门，不提供给养，结果汉军自然是物资匮乏。几万步兵，6000骑兵，跋涉到达郁成国时，已经损耗了大部分兵力，只剩下几千人。用这点兵力攻城，自然是很难奏效，最后不得不撤兵。再不撤，势必全部葬身万里绝域。

李广利撤到敦煌，向汉武帝报告请求增兵。汉武帝龙颜大怒："什么？你代表我们汉朝出征，打出这么个结果败退回来，居然有脸要援兵？"

此前的一次次胜利，汉武帝已经习惯了，突然一次失败，他心理上转不过弯。他下了严令："谁要敢进玉门关，来一个我杀一个。"

李广利既不能前进，也不能后退，处境尴尬。但是汉武帝也知道，不能把人晾那儿不管。再说毕竟不能这样就算了，还得打赢大宛，报仇雪恨，取回优良马种，为此只能加强兵力，让李广利再去一次。

这次就不一样了，主力6万人，在河西走廊还有18万人掩护他们，防止匈奴去增援大宛。派去的牛、马、驴子、骆驼，加起来有十几万匹，保证充足给养，就这样浩浩荡荡地第二次出征大宛。

西域那些小国家一看，这次不能得罪了，汉天子志在必得，来的人太多了。诸国纷纷打开城门，提供粮食，提供饮用水，汉军行军顺利，长驱直入，一口气打到了大宛城下。

大宛国这次变乖巧了。国王毋寡还想抵抗，但贵族们判断抵抗必败。城池一陷，不要说荣华富贵，连性命都难保。国王非要打，结果大臣们联合起来把国王杀掉了。杀完以后派使者出去，跟李广利谈判："你看你们也不容易，这么远来很辛苦。咱也别打了，不就冲着马来的吗？我们把最好的马都牵出来任你挑，怎么样？"

李广利这次虽然兵多将广，但是长途过来也还是有损伤的。如果打一场攻坚战，肯定会有人员伤亡，再加上回去路上的消耗，代价也不会小。避免人员伤亡，和平解决不是更好吗？行，那就不打了，选马！

大宛方面牵出来上千匹好马，李广利挑了又挑，精中选精，优中选优，最后选出了几十匹千里马。这些骏马，论外形，漂亮神骏；论能力，日行千里。

这场战争，直观来看，就是动用了20多万兵力，十几万的牲口，上千万资财，万里迢迢去征伐，结果是带回来几十匹马。汉武帝非常高兴，马上给李广利加官晋爵，算是对去世的李夫人有一个交代。

这个事情怎么评价呢？自古以来，人们对西汉征大宛褒贬不一。从坏的方面来看，先说用人：李广利是皇妃的哥哥，标准的外戚。外戚不是天生的坏标签，卫青、霍去病也都是外戚。不是说不能用外戚，而是要看才干。卫青、霍去病打得很好，李广利打得不好。但是要看到作战条件也不一样，李广利打的这个仗其实不应该打。《孙子兵法》讲过：

"主不可以怒而兴师，将不可以愠而致战。合于利而动，不合于利而止。"
——《孙子兵法·火攻篇》

君主不能因为面子受损了，生气了，就不顾现实条件而动兵；将领不能因为一生气，脑子一热，冲昏头脑就上阵厮杀，这些都是不对的。汉武帝因为使者被杀，觉得被大宛羞辱了，

就发动大规模的战争，这个其实是不理智的。和付出的代价相比，一个使者被杀，其实可以忍一忍，起码是可以从长计议的。

当然我们还得从两个方面来看这件事情。第一，这次得到的几十匹马可不能小看，它们非常有力地改变了汉朝的马种。在甘肃武威的雷台汉墓出土过铜奔马，就是现在中国的旅游标志，国宝级文物，名叫"马踏飞燕"，也叫"马

超龙雀",那就是汉代的马。跟"马踏飞燕"一起出土的还有一个车马方阵,那里面有好多马的造型。这些马被称为凉州大马,外形非常漂亮。考古学家注意到一个现象:在这一时期之前的汉墓里出土的马,腿短,个子矮。雷台汉墓墓主人这一时期的马匹雕塑,都是个头非常高大,看起来特别精神。人们意识到,因为从大宛得到了名马,汉军战马的品种改良了,所以骑兵的战斗力更强了,这就为后续的战争准备了必要条件。从军事角度来讲,这是值得的。

第二,我们还要承认,在这之前,西域三十六国对汉朝的归附并不是实质性的,因为他们并没有真正领教到汉朝的厉害。这次汉朝长途万里去征服了大宛,大宛贵族们低头了,西域各国就意识到汉朝还是很厉害的,它能给你好处,但也可以教训你,真是恩威并重。当汉王朝决定为某个目标投入资源时,它可以集中规模惊人的国家力量,这种动员能力本身就是一种威慑,尤其对西域小国是"泰山压顶"的。这就意味着,汉朝对西域的战略威慑力增强了,为下一步汉朝在西域设立行政管辖区、设立西域都护准备了条件。

总之,征大宛,从表层看是任用了外戚,打了一场得不偿失的战争,损失很大,好像不应该。可是从长远来看,它又改良了马种,改良了装备,同时也改善了与西域的外交关系。

## 国学小课堂

马骏骅骝骐骥骓骢驷驸骈骑骗……是不是已经晕了?不要紧,没必要都认识,只需要记住老祖宗挺体贴,凡是马字旁的都和马匹、交通有关。

# 03

# 皇帝喜欢木头人

贰师将军李广利两次出征大宛，最后带回优良骏马，可以改良西汉骑兵的马匹血统，满足了汉武帝的心愿；同时震慑了西域小国。他回来的时候，沿途小国纷纷派人跟着，到长安朝见天子。

李广利第二次出兵，走的时候是6万骑兵，还不算运输人员，最后回来进入玉门关的，你猜有多少人？按照《汉书·李广利传》的记载，只有1000多人！也就是说，损失程度和全军覆没差不多。

为什么会这样呢？史书说：其实战斗中根本就没损失多少人，军队也不缺粮食，不存在饿死的问题，造成这么严重的减员，是因为从高级将领到下面的大小军官，一层层克扣军粮，丝毫不爱惜士兵，受伤和生病的士兵，直接扔在路上，没有人去管。

中国的历史，是帝王将相的历史，在历史上留下名字的，都是他们，而底层的士兵和人民，是没有被写进去的资格的。一场宏大的战争，远远地看波澜壮阔、荡气回肠，但是具体到每个人身上，就是死亡、伤残或者侥幸逃生。如果将领有良心，像卫青、李广那样，士兵还能得到相对公平的待遇；如果遇到李广利这样的，就很悲惨了。

唐朝诗人，"大历十才子"之一的卢纶写过一首《逢病军人》，就是描写

行多有病住无粮
万里还乡未到乡
蓬鬓哀吟长城下
不堪秋气入金疮

一位伤病的军人："行多有病住无粮，万里还乡未到乡。蓬鬓哀吟长城下，不堪秋气入金疮。"

这位打完仗以后受伤的军人，带着病走远路，缺衣少食，家乡远在万里之外，不知还能不能回去。他蓬头垢面地躺在长城下呻吟，天气凉了，伤口更加疼痛难忍。这就是士兵的苦难，天子在朝堂上是看不到的。另一位唐朝边塞诗人高适在《燕歌行》里也说过："战士军前半死生，美人帐下犹歌舞。"

士兵们出生入死，将领们歌舞升平。李广利这次出征，暴露出西汉军队已经腐败了。按照以前汉朝的风气，损失这么多士兵，李广利不死也要丢官罢职，但汉武帝认为李广利万里远征，损失可以理解，不但不追究，还封他为海西侯。这次李广利出兵，匈奴本来想半路阻击，打一场，但是一看光是李广利自己就带兵6万，另外还有18万人在河西一带警戒，所以没敢动手。

他们不敢来大行动，就搞小动作，派了小分队骑兵，潜入西域路上的楼兰

国，在路上专门拦截汉朝去西域的使者，阻止这种外交来往。但是小分队运气不好，正好这时候西汉将军任文带部队驻扎在玉门关，专门有人在路上巡逻，结果就把这支匈奴小分队给俘虏了。带回去一问，问出了口供，上报了朝廷。汉武帝一听，事情发生在楼兰国，那楼兰国就得负责，他给任文下令，要他把楼兰王带到长安来。

楼兰王也痛快："陛下你也别怪我，这事和我无关，匈奴人要做，不和我商量，我也拦不住，我们楼兰小国，夹在你们大汉和匈奴之间，我只有两头讨好，不如陛下你开恩，把我们整个楼兰国搬到大汉境内算了。"

汉武帝一听，人家说得有道理，就释放了楼兰王，但是下令楼兰要承担起监视匈奴的任务。这之后，匈奴觉得楼兰不可信任，就不在楼兰境内搞小动作了。

以上这些，是汉朝和西域关系的最新进展。这一时期，匈奴的儿单于很残暴，喜欢杀人，闹得国内上下不得安宁。偏偏匈奴草原又发生瘟疫，很多牛羊牲畜都死了，这样一来经济就很不景气，人心惶惶，各找出路。匈奴的左大都尉派人来汉朝传话，说他想杀了单于投降汉朝，但是双方离得太远，他担心一旦起兵，会势单力薄，所以希望汉朝能派兵接应一下。

汉武帝得知这个情况，任命将军公孙敖为因杅将军，在塞外修筑一座受降城，准备接应左大都尉。因杅是匈奴的一个地名，给公孙敖加上这个将军名号，显然是寄托了征服匈奴地盘的愿望。公孙敖带人在朔方郡以北建了受降城，但是汉武帝还是觉得这里离匈奴有点远，就派了浚稽将军赵破奴带了2万骑兵，从朔方郡出发，向西行军2000里，到匈奴浚稽山再掉头回来，所以叫浚稽将军。

赵破奴，这个名字也挺吉利，攻破匈奴，天生就是胜利的样子。但是很不幸，不怕神一样的对手，就怕猪一样的队友，匈奴左大都尉刚要采取行动就被单于发现，单于杀了他，然后发兵攻击赵破奴。赵破奴在初期行动中抓到了几千个俘虏，得知单于的部署，赶紧带部队向受降城方向撤退。汉军撤到离受降城还有400里地的时候，被匈奴8万大军重重包围。

8万对2万，而且汉军远离边境，后勤断绝，战斗非常激烈，损失也很惨重，更关键的是部队严重缺水。到了晚上，赵破奴亲自带着几个人去找水源，结果被匈奴人俘虏。汉军失去主将，在匈奴的打击下迅速崩溃。剩下的人一看，按照西汉法律，就是跑回去，也会因为损失主将而被杀，索性全部投降了匈奴。匈奴单于乘胜进攻受降城，但是没能打下来。赵破奴在匈奴那边等了2年，找机会逃回了汉朝。

这件事证明，如果不是精心准备，不是大部队出塞，小部队远离边境到匈奴地盘上作战是没有多少胜算的；同时也证明，受降城那样坚固的工事，还是有作用的。所以此后不久，汉武帝派大臣徐自为去主持北部边疆的国防工程建设。从内蒙古到宁夏，绵延上千里，修建了城池、要塞、据点、烽火台，组成一个自成体系的可以警戒、可以屯兵屯粮、可以固守要害地域的阵地链条。

当然并不是只靠工事，还得有机动部队。武帝派游击将军韩说、长平侯卫伉驻扎在附近，强弩将军路博德驻扎在河西走廊居延泽，两路部队随时支援这些边境筑垒地带。建成后不久，匈奴大举入侵，破坏了这些工事，抢了几千人。汉朝将军任文出兵迎战，击败匈奴，把被抢去的几千人都救了回来。总之汉匈没有大规模战争，小规模冲突各有胜负。

这一时期内政上有几件大事必须交代一下。第一件事是汉武帝改了历法，采纳中大夫公孙卿、壶遂和太史令司马迁的建议，实行太初历，所以公元前104年就是太初元年，年号不再是元封。过去的日历，每年的第一个月从10月算起，改用太初历后就从1月算起了。另外就是皇家最尊贵的颜色不再是黑色，而

是黄色。

　　第二件值得一说的大事是酷吏王温舒死了。王温舒靠杀人升官，从地方官做到了中尉。他当初曾经遗憾冬天太短，不够他杀人。汉武帝太初元年（公元前104年），这个杀人如麻的酷吏王温舒，因为有罪被判决诛杀全家，自己先自杀了。他的哥哥一家和弟弟一家，以及嫂子一家和弟媳妇一家，也全部被杀光，结果就形成了杀光五族的惨剧。这在汉朝历史上是空前的，以前没人这么惨过。当时大家很震惊，却没人同情王温舒，因为他欠的血债太多了，自己作恶，最后家人跟着付出最惨痛的代价。恶有恶报，善有善报，这句话用在王温舒身上，还真是分毫不爽。

王温舒死后的第二年，石庆也死了。石庆是谁啊？石庆是汉朝历史上著名的老好人，著名的老实人，著名的靠老好人、老实人当了高官的人。石庆的父亲叫石奋，是个老实人，教育了4个孩子，也都是老实人。父亲加上儿子，5个人，每人都是2000石待遇，5个人1万石，于是石奋号称万石君。

于是景帝曰："石君及四子皆二千石，人臣尊宠乃集其门。"号奋为万石君。
——《史记·万石张叔列传》

石奋的儿子石庆，曾经替汉武帝赶马车，是御用马车夫。有一次，汉武帝不知道是故意的，还是一时恍惚，张口问石庆："拉车的是几匹马呀？"天子马车按照规格是6匹马，这是常识，完全可以张口就来。就像你坐上出租车，问司机："你的车子几个轮子啊？"他不用看就会说："4个呀。"但是石庆当时是用马鞭点着马匹，一个个数了一遍，然后严谨而确定地汇报说："启禀陛下，6匹。"

这件事在当时变成了段子，人们说这个石庆，是石奋4个儿子里最粗枝大叶的一个，尚且如此精细，那么最细心的那个，不知道该是多么严谨细致。

石庆这个老实人，遇到事情对人百依百顺，最后做了丞相，反正汉武帝的丞相，从公孙弘以后就不管事了。现在石庆死了，汉武帝就任命公孙贺为丞相。公孙贺本来是有侯爵封号的，此前因为被指控贡献的黄金成色不好，被剥

我刚查完，是6匹。

拉车的是几匹马呀？

夺了爵位，现在当了丞相，再次获得爵位，但是公孙贺哭着跪在地上不肯接受丞相任命："陛下，你收回成命吧，我没这个本事啊，不能当啊。"升官当丞相，大好事啊，为什么公孙贺如丧考妣呢？因为丞相难当啊，权力没有，责任有；有功劳不是你的，出了事你要负责；人间事有个闪失要问罪，天上的星星乱跑也要问罪。此前担任丞相的已经一口气自杀了好几个了，石庆这样的老实人，唯唯诺诺当老好人，都有几次险些丢了性命，别人就更不敢接这个活儿了。

汉武帝一看公孙贺不肯当丞相，甩袖子走了，公孙贺趴在地上抹了半天眼泪，实在没办法让天子收回成命，只好硬着头皮接受丞相的任命，出门哀叹说："哎呀，我算是危险啦！"

总之，汉武帝从掌握皇权以来，一直不遗余力地强化中央集权，不断削弱相权，此种努力的必然结果之一就是丞相成为高危职业，没人愿意当，而汉武帝要的就是这个结果。

与此同时，诸侯这个概念，到这时候也淡化了。汉武帝太初三年（公元前102年），睢阳侯张昌受指控在祭祀宗庙方面不够勤快，被削夺了封爵。这样一来，你们猜猜整个国家还有多少侯爷啊？只剩3个了。汉高祖刘邦封了143个侯爵，中间他们壮大过、豪奢过、反叛过、被镇压过，祖先的家业，子孙不珍惜，犯了罪就被削夺封爵。更关键的是西汉朝廷从景帝以来从未动摇的一个国策，就是要削弱诸侯。经过两代皇帝的不懈努力，军事手段、法律手段甚至不惜制造冤案，最终汉武帝成功地解决了诸侯问题，将国家重新扳回郡县制的轨道。从这个角度讲，也是回到了秦始皇的轨道，此前100年，在行政区划和中央地方权力的分配上，曾经走了一段弯路。

## 国学小课堂

长城在英语中是the Great Wall，字面意思是伟大的墙，或者说长墙。其实长城绝不是长墙那么简单，它是一套复杂的军事工程体系，具备警戒、屯兵、屯粮、屯械、据守、阻断、接应等诸多战争功能，建筑形态因为任务的多样化而不同。大家可以去山海关、嘉峪关、居庸关等名关观察，也可以在这些地方的长城博物馆体会这些用心良苦的设计。

# 04

# 苏武牧羊北海边

此前讲战国的时候，我们说过赵国的蔺相如完璧归赵，不辱使命。今天我们要讲的这个西汉外交官，同样不辱使命，而且更悲壮、更英勇、更深沉。

事情要从匈奴内部的权力更迭说起。汉武帝太初三年（公元前102年），匈奴儿单于去世，匈奴贵族推举他的叔叔右贤王呴犁湖为单于。一年以后，单于去世，匈奴人让他的弟弟，当时任左大都尉的且鞮侯做了单于。

匈奴人选拔继承人的方式和汉人不一样。汉人是"父死子承、兄终弟及"，但是一般都是父亲死了传给儿子，不到万不得已不给弟弟。匈奴人就灵活多了，既可以传给单于的叔叔，也可以传给单于的弟弟。这是因为匈奴政权是各个部落首领组成的贵族联邦制，存在一种统治者内部的民主，不可能单于一个人说了算，而中原王朝就不存在这种机制，是掌握皇权的人说了算，没有平起平坐的制衡力量。

这时候，正好是汉军征服大宛回来，西汉的军事威慑力很强，汉武帝下了一道诏书，其实是说给匈奴听的，大意是：我们的高祖皇帝曾经在平城被匈奴围困过，我们的高太后曾经被匈奴单于写信羞辱过，这些仇都还没有报，但是一定要报，过了100年也要报。

匈奴新单于听到消息，担心汉军打过来，自己吃不消，就决定外交上服

软，赢得时间。他通过外交渠道表达了一层意思：我啊，和汉朝天子相比是小辈啊，哪敢和天子平起平坐，天子是我的长辈啊。

> 天汉元年，且鞮侯单于初立，恐汉袭之，乃曰："汉天子，我丈人行也。"
>
> ——《汉书·李广苏建传》

不但说了好话，还把此前出使匈奴被扣押的汉朝外交官路充国等人都释放了，只要是没投降匈奴的，都派了使者陪着送回汉朝。汉武帝一看匈奴单于有姿态，那也得外交对等啊，于是下令把滞留在长安的匈奴使者也放回去：当初你扣押我的人，我也扣押你的人，现在都放回去，而且带了厚礼，算是一种嘉奖。这就涉及我们此前讲过的朝贡意识：对于汉武帝来说，你不必非要给我缴税，不必非要天天在我朝堂上跪拜，只要你公开宣布承认我是所有人的天子，是天下共主，就够了。

　　这次外交任务，交给了中郎将苏武。苏武的父亲是代郡太守苏建，苏武算是官家子弟，出使这一年刚好40岁。和他一起去的，是另一个中郎将张胜和临时借调来的常惠。他们一行人到了匈奴，把汉武帝的厚礼给了单于，结果单于不仅不感激谢恩，反而更加骄横了。匈奴人的思维和汉人不一样，他不觉得你这是仁至义尽，他认为你这是被我搞定了，是你软弱的表现。游牧民族一向是服强不服弱，你厉害他就服你，你有低姿态他并不领情。

　　偏偏这时候，匈奴内部正在酝酿一场阴谋。阴谋的主角是三个人，一个是匈奴的缑王，他曾经被霍去病击败，投降了汉朝，后来和赵破奴一起战败，又重新回到了匈奴，可能是待遇不好，现在又想回到汉朝。另一个人叫虞常，曾经做过汉朝中央警卫部队的长水校尉，也是此前战败被俘，投降了匈奴，老是想找机会回到故国。还有一个人叫卫律，是个胡人，不是匈奴人，他原本和汉武帝宠妃李夫人的哥哥李延年，也就是那个音乐家关系很好。李延年推荐他去外交部干事，后来出使匈奴，就在回来的路上，听说李延年出事了，被逮捕了，卫律怕自己被牵连，不敢回长安，索性掉头回去投降了匈奴。他这人很聪明，单于喜欢他，让他做了丁零王，现在他也想回汉朝。

　　他们三个中，缑王和虞常是一起的，目标一致，一拍即合，就想和其他投降了匈奴又后悔的人一起，劫持单于的母亲当人质，回到汉朝。卫律是单干的，他不知道虞常他们的计划。虞常在长安的时候就和张胜关系很好，他私底下找到张胜，说："我听说天子很痛恨卫律，我可以找机会射死他，条件就是我的母亲和弟弟还在那边，希望朝廷能赏赐他们。"你看，这两拨人搞同样的阴谋，但彼此之间暗藏杀机。

　　张胜这时候的身份，是苏武的副手。首先，他作为外交官，不应该参与这种匈奴内部事务；其次，他无论是否参与，都应该把这个情况汇报给苏武，毕竟苏武是全权特使，是他的上司。但是张胜没有汇报苏武，自作主张，给了虞常一些财物，这就鼓励了虞常。

过了大约一个月，单于出去打猎，他的母亲和儿子、弟弟都留在匈奴王宫，虞常想乘机动手，结果保密工作没有做好，内部团结也没搞好，有个人连夜去告密，单于的儿子和弟弟们组织一支队伍打过来，双方一场混战，缑王战死，虞常被活捉。

单于派卫律来审理这个案子，卫律内心也有反叛意图，现在居然主审反叛案件，为了显示自己的忠诚，他必须非常卖力。张胜听到消息，知道事情闹大了，不能瞒着了，这才告诉苏武。苏武说："果真如此的话，这件事一定会牵连到我。如果我被人家逮捕，审讯，然后处死，就会侮辱我们大汉的国格，这个绝对不行，我宁肯自杀，也不让大汉蒙受耻辱。"他要自杀，但是被张胜和常惠制止了。

如果我被审讯，受了羞辱，就算苟且偷生地活着，又有什么脸面回故乡去见陛下、群臣和父老。

那边卫律审问虞常，虞常果然扯出了张胜。汉朝的副使参与了阴谋，这让单于非常愤怒，他召集贵族商量，想把汉朝使者全部杀掉，但他手下一个王不同意。此人觉得如果只是意图劫持单于母亲就把汉朝使者全部杀掉，那么谋杀单于该怎么办？此人主张还是应该劝降。

单于让卫律去叫苏武来，要审问他。苏武对常惠等身边人说："如果我被审讯，受了羞辱，就算苟且偷生地活着，又有什么脸面回故乡去见陛下、群臣和父老。"说完就拔出佩刀，刺向自己的心脏。卫律大吃一惊，赶紧抱住苏武，夺下佩刀，但苏武已经受了重伤，背过气去，危在旦夕。

卫律赶紧叫来医生，医生在地上挖了个坑，里面放上炭火，隔着土层把苏武放平，然后踩他的后背。这是匈奴人治疗刀伤的办法，大概是用这种方式，把被刀污染的血逼出来，免得感染。苏武这一刀也是偏了一点，没有刺到心脏，虽然很痛苦，但并没有生命危险。经过紧急抢救，他醒过来了。常惠等人哭着把他抬回了使者驻地。

匈奴单于非常佩服苏武这种气节，每天派人去探望，同时逮捕了张胜。等苏武快好的时候，单于派人去劝说苏武投降，苏武一概严词拒绝。单于碰了钉子，就决定恐吓苏武。他让人把发动叛乱的虞常和已经被逮捕的张胜一起带到苏武面前，卫律拔出宝剑，当着苏武和张胜的面杀死了虞常，然后用剑对准张胜："张胜，你参与阴谋，还想谋杀我，死罪一条，但是单于说了，只要你投降，就可以免死。"说完就做出要砍的样子，张胜立刻就说："我投降，我投降。"

卫律搞定了张胜，对苏武说："你的副手有罪，你也该连坐，也该承担责任。"苏武说："这就奇怪了，我本身就没有参与他们的计划，我和张胜也没有亲戚关系，凭什么要连坐啊？"

卫律理屈词穷，就举起剑恐吓苏武，苏武动都不动。卫律很无趣，放下剑又来软的："苏先生啊，别那么固执，要看清形势。你看我卫律，此前辜负汉朝投降了匈奴，单于对我恩重如山，赐予我大王的称号，给我好几万人的部落，我的马匹多得漫山遍野都是，太富贵啦。苏先生，你今天要是投降了，明天也跟我一样，否则你孤零零死在草原上，谁知道呢？何苦呢？"苏武不吭声。有时候，沉默就是表示蔑视，苏武不说话，就是对卫律这种暴发户嘴脸表示不屑：你以为你有一片地，有几万牲畜，就可以打动我？你也太小看大汉使者的尊严了，太小看大汉的尊严了。

> 律谓武曰："副有罪，当相坐。"武曰："本无谋，又非亲属，何谓相坐？"复举剑拟之，武不动。
>
> ——《汉书·李广苏建传》

卫律看他不说话，就威胁他："你要是通过我投降了，你和我就是兄弟啊。要是不听我的，怕是以后想当兄弟也没机会啦。"苏武本来懒得理他，不屑于和他对话，现在他居然恬不知耻地要称兄道弟，苏武忍无可忍，就开口痛骂："卫律，你算什么东西，和我称兄道弟！你身为臣子，背叛了天子，也背叛了你的亲人，我连见都不愿意见你！单于信任你，让你审理案子，决定别人的生死，你不肯公正审判，反倒故意挑拨，让大汉天子和匈奴单于相互仇恨，你坐观成败，你良心何在？你睁眼看看，杀害汉朝使者的，几个有好下场？南越杀了大汉使者，国家灭亡，变成了9个郡；大宛王杀害汉朝使者，他自己的人头被挂在宫殿北门；朝鲜杀害汉朝使者，国家被消灭。现在，也就剩下一个匈奴。你明明知道我苏武决不投降，爱杀就杀，杀了我，匈奴的大祸就因为杀我而起，你们看着办吧。"

　　这就是苏武的国家自豪感，他背后的汉朝，是当时世界东方最强大的政权，汉朝的使者有底气说这种掷地有声的话。卫律一看苏武软硬不吃，宁死不屈，只好回去汇报给单于。单于一听，更加佩服苏武，非要把他变成自己的臣子。他决定用生活的困苦来折磨苏武，瓦解他的意志，就把他关在一口大窖里，不给吃的。正好天下大雪，苏武饿极了，就着雪，生生吞下一块毛毡，硬是挺了好几天没死。匈奴人以为他有神灵保佑，就把他流放到了北海，也就是今天贝加尔湖一带，让他去放羊，而且给的都是公羊，说等到公羊可以挤出羊奶你再回来。公羊不会产奶，意思就是你别想回汉朝，你就老死在那里吧。他的手下，常惠那些人，被分别关押起来。

　　苏武在那种地方，九死一生，但始终保留着象征外交官身份和尊严的节杖，虽然上面的牛毛缨子都掉光了，也绝不丢弃。他待了多久呢？整整19年。

40岁出使匈奴，最后回到汉朝时，已经59岁了。他回汉朝时，是公元前81年，汉武帝已经去世，当时的皇帝是汉昭帝。他回到汉朝的故事，也充满了传奇色彩，我们以后讲到昭帝一朝时会详细说。

有一首歌，叫《苏武牧羊》，大家可以上网搜来听一听。

苏武，是中国外交官的精神偶像。其实，不光是外交官，我们所有人都可以从苏武身上汲取精神力量。人们说"慷慨赴死易，从容就义难"。那种突如其来的牺牲和殉难，很多人不会皱眉头，也来不及有什么取舍，但是如果是漫长的苦难，有些人可能就会崩溃。明朝的洪承畴，民国时期的汪精卫，都是被捕后刚开始大义凛然，可是人家不杀他，软禁起来消磨他，最后都屈服了。相比之下，在看似没有希望、没有曙光、只有无穷无尽的苦难里，凭着内心的自我要求坚持19年，是一个人谱写的英雄史诗，也是人类共同礼赞的奇迹。

## 国学小课堂

苏武手持的外交节杖叫旄。旄是个形声字，由"㫃"和"毛"组成。"㫃"表示旗帜。"毛"既是声旁，表示发音，也带有表意功能。旄字的本义是用牦牛尾装饰旗杆顶的旗子。旄用于皇帝仪仗、诸侯王仪仗、军队指挥官和外交官节杖，形状有所差别，但共同的是都用牦牛尾巴。

# 05

# 将军百战身名裂

　　苏武在匈奴的遭遇，说明汉朝和匈奴之间的关系暂时还没有改善的空间。既然外交解决行不通，那就让战争来说话。

　　汉武帝天汉二年（公元前99年），汉武帝派贰师将军李广利带3万骑兵，从河西走廊酒泉出发，在天山脚下攻击匈奴的右贤王。李广利先是取得了胜利，杀死了匈奴官兵1万多人，而后向玉门关内撤兵。匈奴不甘失败，发动大军包围汉军。这个时候汉军已经断粮，将士们疲惫饥饿，战斗非常艰苦，损失很严重。

　　危急时刻，代理司马职务的青年军官赵充国，带领几百名骁勇骑兵勇猛冲杀，替大部队撕开了包围圈，带着主力部队冲出了重围。到了安全地带清点人马，已经损失了六七成。出酒泉的主力部队是3万骑兵，到现在已经不足1万人。汉军先胜后败，但是打得非常勇敢。匈奴人出动了数倍于汉军的人马，依然不能"吃掉"这支粮草缺乏、筋疲力尽、远离边塞的部队，可见汉军的战斗力非常强悍；同时也证明匈奴人已经不能和他们的祖上相比，没那么彪悍了。

　　李广利回到长安，向汉武帝推荐了赵充国，讲了他的战斗故事。汉武帝听说赵充国身上受了20多处伤，就让他脱了上衣，一个一个看伤口。然后任命赵充国为中郎将，在自己身边做事。赵充国一战成名，这一年他38岁。此后，他不断被提拔，南征北战，屡立战功。他在76岁的时候，还为国家立下了大功，平定了那个时候的羌族人叛乱，组织了西北方向的战略性屯田。他是继卫青、霍去病之后，西汉王朝最伟大的将军。

李广利出兵，也让另一个青年将领有机会展露才干，他就是飞将军李广的孙子李陵。李陵一开始在汉武帝身边当侍中，是一个文职官员。但是他继承了家族基因，非常擅于射箭，骑马射箭是一把好手。汉武帝觉得他很像他的爷爷李广，就提拔他当了骑都尉，俸禄是2000石，官职不低。李陵招募了南方5000名勇敢善战的年轻人，他们都是打仗的好手，尤其臂力过人，善于开强弓硬弩。他们在河西走廊的山丹一带集中训练，苦练杀敌本领，做朝廷防备匈奴的机动部队。

李广利出兵去攻打天山的时候，汉武帝下令给李陵，要他去当后勤部队，帮着李广利押运粮草。李陵雄心勃勃，他养兵千日，是按照野战突击部队甚至特种兵的模式来训练手下的，他不愿意担任这种幕后的非战斗任务，觉得这是大材小用，有点浪费精锐。说实话，他这个想法也很正确，确实好钢要用到刀刃上，不能随便乱用。

李陵去长安向汉武帝当面请示，要求汉武帝更改命令。他说："我的部下可不是一般的战士，都是我百里挑一、从楚地招募来的剑客，身手都很好。能徒手打死老虎，射箭百发百中。这样的部队不去野战冲锋，而去当辎重部队，太可惜了。我愿意带他们深入匈奴，主动进攻，这样也可以分流匈奴兵力，减轻贰师将军的压力。只求陛下别让我跟着贰师将军当押运队了。"汉武帝说："看来你们当将军的都不愿意被别人统领，都不愿意替别人打工。那好吧，那你就去吧。但是我现在把大部队都派出去了，我没有骑兵给你。"汉武帝的意思是，如果你没有骑兵，你就没有办法深入匈奴，去了也很难回来。

> 我的部下可不是一般的战士，都是我百里挑一、从楚地招募来的剑客，身手都很好。能徒手打死老虎，射箭百发百中。

这部分情节，《史记》和《汉书》的记载有点小差异，但是这个差异很重要。司马迁说李陵是汉武帝主动派出去牵制匈奴，掩护李广利的；而班固说是李陵自己要求去执行这个牵制任务的，他想出名。不同的说法关系到一个历史责任问题，司马光看来是采用了班固的说法，他认为是李陵为了立功，主动请战，而不是汉武帝派他出去的。

　　李陵对汉武帝说："我不需要骑兵，我就带5000步兵，以少胜多，横扫匈奴。"他说话很有把握，汉武帝很欣赏他的勇气，就同意他带步兵出征。这在西汉历史上是第一次出动纯步兵，只有5000人远征匈奴。过去动辄都是几万、十几万人的大部队、大集团骑兵作战。这也不符合一般人的判断，因为人们早就形成一个看法，那就是步兵不可能顶住骑兵的冲杀、践踏。汉武帝也担心李陵这样出兵风险太高，就下令让将军路博德带人去接应李陵，把路博德的部队部署在李陵回国的路上。这样就算李陵有危险，只要快速撤兵，就能和主力部队会合，不至于陷入困境。

　　可是路博德也不愿意承担这种为人作嫁的任务：你去匈奴地盘上建立功勋，我在一边坐冷板凳，你吃肉，我喝汤，凭什么！他又不能明说，所以上书给汉武帝："现在是秋天，正是匈奴马匹最肥壮的时候，不如先不要派李陵去，等到明年开春以后，匈奴马匹最瘦弱的时候，我和他一起打，我们一起出征。"

　　汉武帝这个人聪明一世，糊涂一时，愣是没看出来这是路博德在打小算盘，他反倒认为这是李陵吹牛皮吹破了，不敢出兵，因此鼓动路博德上书，故意拖延出兵。这个事其实一问就能问清楚，但是汉武帝既不追问路博德，也不找李陵来调查，憋着一肚子气，直接把路博德调到河西走廊去进攻匈奴，等于把李陵的接应部队给撤走了，让他的5000步兵孤军深入。然后下令让李陵从河西走廊居延泽一带出兵，向东北方向搜索前进。汉武帝给李陵的任务是如果遇到匈奴部队就交战，如果遇不到，就撤到朔方郡的受降城休整。这就是说，李陵的行军路线，是从河西走廊出发，回到河套平原，画一个自西向东的弧线。

　　李陵接到命令，带着他的5000步兵出发了。向北行军整整30天，抵达了匈奴的浚稽山，也就是今天阿尔泰山延伸到蒙古国的地方。李陵让人把一路上的地形画成图，一直到了浚稽山，然后派了一个叫陈步乐的军官骑马回去向汉武

帝汇报。陈步乐见到汉武帝，献上地图，说："李陵带兵有方，官兵都乐意为

他卖命。"汉武帝非常高兴，任命陈步乐为自己身边的郎官，不用回去了。

陈步乐离开以后，李陵在浚稽山一带遭遇了匈奴单于亲自统领的3万匈奴骑

兵部队，敌我兵力对比是6∶1。从常识角度出发，李陵应该是没有胜算的，甚

至是一触即溃的。但是双方一接触，匈奴人就吃了大亏。

李陵依托山地地形，在山谷里用装辎重、装粮食的大车组建了一个临时营

地，营地的两边都是山，匈奴骑兵没有办法包抄，只能正面进攻。李陵把部队

分成两部分，一部分在营地里休息，另一部分出去迎战，车轮战，精力足。他

的人组成一个阵形——前面的官兵带着长戟和盾牌，准备迎抗骑兵的冲撞，掩

护后面的弓箭手；后面的弓箭手负责远射，压制敌人。匈奴人看汉军人少，又

都是步兵，就以为很容易对付，一窝蜂冲了上来。结果汉军弓箭手密集发射，

射得准，箭又密，就像割麦子一样，一片片割掉冲锋中的敌人，瞬间就把匈奴

骑兵打得落花流水。

匈奴人吓破了胆，掉头就跑上山了。那些带着长戟和盾牌的官兵，马上追上去跟他们肉搏。匈奴骑兵被打散了，没法结成阵形，抵挡不了这些格斗高手的攻击，战斗结束的时候，匈奴损失了好几千人，李陵只付出了相当轻微的代价，可以忽略不计。

单于极为震惊，没想到对手这么能打，和寻常步兵有天壤之别。他知道自己这3万人搞不定这支非常强悍的汉军步兵，就下令从国境的东西两地召集了8万骑兵来围攻李陵，加上此前还剩的2万多，总兵力约10万。10万对5000，敌我兵力比瞬间从6∶1变成20∶1。

李陵寡不敌众，不能再硬打了，一边打，一边向南撤退。几天以后，再次进入一个山谷。匈奴人多，可以轮番上阵。汉军不得不昼夜不停地和他们作战，打得非常苦，但也非常勇敢。李陵下了命令："受过3次伤，行走困难的人，坐在车上继续拉弓射箭；受过2次伤，但是还能动的，拉着车，带着负重伤的人行军；受过1次伤的，手持兵器，白刃格斗。"没受伤的人，自然是奋勇冲杀。这样就把这个部队的所有潜力都挖了出来，硬是斩杀了匈奴3000多人。

前面那一仗消灭了好几千人，这下又杀了3000多人。到这个时候，李陵消灭的匈奴人已经超过他自己的部队总人数。匈奴人确实是从来没有遇到过这么能干的步兵。汉军向东南方向撤退，走了四五天，到了一片湿地，那个地方有大面积的芦苇。匈奴人放火烧芦苇，想把李陵的部队烧死。但是李陵早有准备，你要放火我先放，等到匈奴人的火烧过来的时候，这片没东西可烧，火自然就灭了。然后他带部队继续向南撤退，撤退到一座山下。

单于自己在山上扎营，让他的儿子带领着骑兵部队攻击李陵。李陵带人进入树林里面，这样匈奴人就没有办法发起集团冲锋，而是被树木分隔开了。李

陵带着人奋力攻击，又杀死了好几千人。这时候李陵手下的人眼尖，发现了单于所在地。李陵马上组织十几个神射手，用强弩同时射击，意图狙杀单于。距离有点远，没有命中目标，但是单于也被吓傻了，连滚带爬地下了山。

就在这一天，李陵抓到了一个匈奴的俘虏，一审问才知道，李陵打得艰苦，单于打得也窝囊，更艰苦。单于对手下的人说："看来这是汉军里的精锐部队。你看这几天，不但我们没有把他消灭掉，他还在引着我们往南走，越来越靠近汉军边塞。这该不会是故意带着我们进埋伏圈吧？"显然他有点怕了。单于手下的人说："单于，你自己带了好几万骑兵，打汉军的几千步兵，还不能歼灭，这要传出去，你以后怎么指挥军队，你就没有威信了，汉朝也会更加看不起我们。现在我们在山谷里战斗，拿他没办法，再往前走四五十里地，就是平地了，到那个地方我们更有优势。如果到了平地，我们还打不过，那我们就撤。"显然，单于打得过于艰苦，已经丧失了斗志，准备撤兵了。

这之后，战斗在山谷里继续，李陵部队又杀伤和俘虏了2000多匈奴兵，这样加起来，他消灭的敌人已经上万了，而他的部队建制完整时也不过5000人。

单于终于绝望了，他觉得再也摘不到胜利果实了，准备撤兵。李陵虽然艰苦，却苦苦撑过了最难的时候，曙光在前，胜利在望。但就在这时候，部队里出了叛徒，这个人叫管敢。他是军中一个下级军官，因为被上级欺负了，一口气出不来，同时也觉得前景悲观，就连夜投降了匈奴。

投降就投降吧，你别瞎说啊。他一去，马上告诉单于3个绝密情报。第一是李陵孤军深入，后面没有援兵，没人接应。李陵损失一个是一个，损失两个是一双，根本没法补充，眼看就要消耗完了。第二是李陵出发时车上拉了很多箭，他主要靠弓箭来作战，但是这些天战斗激烈，箭损耗得非常严重，即将用完。第三是李陵和校尉韩延年，各自统率800精锐，在部队最前方攻击前进，身先士卒。他们两个人一个用白旗，一个用黄旗进行联络。只要集中力量，猛烈攻击这两面旗所在地，一定会击败李陵，擒贼先擒王。

单于得到这些情报大喜过望，立刻投入重兵，猛烈攻击汉军。前锋部队大声喊话："李陵、韩延年赶紧投降，饶你们不死！"

李陵剩余的部队进入山谷，匈奴人在山上居高临下，像下雨一样密集射箭。李陵带人殊死搏杀，一天之内，就用完了剩下的50万支箭。车也没用了，就把车扔掉，完全徒步作战。这支英勇的部队，在杀伤了上万匈奴人之后，居然还有3000多人，基本保存了建制，可见李陵多么擅于指挥，也可见这些人战斗力有多强。

箭射完了，很多兵器也损毁了，没有受过伤的人几乎没了。官兵们就把车轮上那些辐条砍下来，抡圆了当木棍。军官带着防身的小佩刀作战。他们再一次进入一个山谷。匈奴人从高处往下扔石头拦他们，汉军损失惨重。前方道路被阻断，再也走不动了。黄昏的时候，李陵独自离开部队，想潜入匈奴大营刺杀单于。他不让任何人跟着，就自己去执行这个任务。但是他去了很久，没有办法接近单于，又摸了回来。

他知道天亮以后，匈奴人一定会发起总攻，汉军不能让敌人缴获军旗，那是军队的荣誉，于是把军旗全部毁掉，把缴获的战利品全埋在地下。李陵长叹一声，对官兵说："只要我们每个人还有几十支箭，我就能把弟兄们都带回去，但是现在不行了。如果我们集体行动抱成一团，天亮的时候一定会全军覆没。不如现在分头突围，你们出去以后拼命往南跑。记住，只要朝南，一定会有人回到塞内。去了以后，向皇帝陛下汇报我们的情况。"

他让幸存的官兵每人带上2斤炒米做干粮，每人带了1块冰来解渴，约好了在边境一个要塞会合。半夜的时候，趁着夜色，李陵敲鼓想集合官兵，但是鼓

已经损坏了，敲不响了。没有办法集中行动，李陵就和韩延年上马，随行只带了十几个官兵，开始向南突围。

匈奴几千人追他们，跑不掉，最后发生了激烈的战斗。一场短暂的战斗之后，韩延年牺牲了。李陵筋疲力尽，说："我再也没脸见陛下了。"然后投降了匈奴。汉军中幸存的官兵拼死冲杀，全力向南撤退，最后有400多人分头抵达边境，进入汉军要塞，从这场悲壮的远征当中幸存下来。

今天我们能知道这场古今罕见的战斗，就是因为这些人把战斗过程讲述给了朝廷，讲述给了当时的史官司马迁。李陵战败投降的地方距离边塞只有100多里地，边境把消息上报给了朝廷。汉武帝内心希望李陵自杀或者战死。当他听说李陵居然投降时，非常愤怒，就严厉地责问此前回来汇报的那个陈步乐："你不是说李陵擅于带兵吗，勇敢善战吗，怎么就投降了呢？"他这个问题没法回答，陈步乐士可杀不可辱，自杀了。

汉朝那些朝臣们站着说话不腰疼，都纷纷怪罪李陵。但是他们没有人敢问：为什么没人去接应李陵？他都已经撤到距离边境100多里地的地方了，如果有人接应，不但不会损失殆尽，还有机会挫败匈奴。但是大家都知道，不派人接应是汉武帝自己的决策，这帮大臣不敢去碰这个敏感话题，只敢顺着汉武帝，对李陵落井下石。

只有太史令司马迁为李陵辩护。李陵跟司马迁不是朋友，没什么私交。司马迁只是觉得李陵这个人平日为人不错，是个好干部。这次出去区区5000人，消灭了2倍于自己的敌人。虽然最后失败了，但是战果非常辉煌，所谓古代的一些名将，不过也就这样了。历史上有谁用5000步兵击败过10万骑兵？司马迁判断李陵不是真心投降，是不得已，李陵一定会找机会报效朝廷。

汉武帝自己心里有愧，他知道他撤掉了李陵的接应部队，等于是亲手断送了这支勇敢忠诚的部队。他的愤怒其实是掩饰他的过错和愧疚，当他听到司马迁为李陵辩护的时候，立刻恼羞成怒，觉得司马迁是在影射贰师将军李广利无能，也影射他自己处置不当。汉武帝一怒之下判处司马迁宫刑，把他给阉割了，这是非常残酷的肉刑。我们知道汉文帝废除肉刑，但汉武帝用这样的肉刑

来对付司马迁。

司马迁身心受到极大的摧残，他本想自杀，但是为了写完《史记》，他就忍辱含愤，接受了刑罚，最后完成了《史记》这部伟大的著作。

这件事后不久，汉武帝自己也反应过来，他意识到当初是路博德耍了花招，他为了补偿李陵的部下，就下令好好慰劳赏赐，提拔那400多个幸存下来的李陵手下的官兵。这件事发生在天汉二年（公元前99年），两年后，汉武帝意识到李陵投降其实是不得已的，就派公孙敖带兵去匈奴境内迎接李陵，希望他继续为本朝效力。

公孙敖去了一趟，既没有接到李陵，也没有什么收获，回来就瞎编。他说："我抓到了匈奴俘虏，得知李陵死心塌地地为单于效力，他教单于对付我们，所以我没有成功。"汉武帝大怒，立刻下令杀光了李陵的全家。李陵战败投降，但他的母亲、妻子、孩子都还在。现在无一幸免，全部被砍头，这一家就灭了。

不久后汉武帝得知，教单于对付汉军的另有其人，也是一个投降匈奴的汉军军官，他叫李绪，根本就不是李陵。李陵痛恨李绪，找机会刺杀了李绪。为此单于的母亲想杀了李陵，但单于本人非常欣赏李陵的军事才干。游牧民族就这样，你强，他服气；你弱，他踩你。单于庇护李陵，让他躲到北方，等到母亲去世以后，才把他接回来。不仅如此，还把女儿嫁给了李陵，封他为右校王，地位和卫律齐平。这件事情之后不久，公孙敖就被腰斩了。公开的罪名是说他老婆搞巫术诅咒，但不排除汉武帝痛恨他提供了假情报，害得皇帝蒙受了屠杀李陵全家的坏名声。

李陵创造了人类战争史上罕见的步兵击败骑兵，而且以少胜多的战例，显示出了卓越的战场指挥能力。如果汉武帝不乱发脾气，不撤掉接应部队，李陵

不会是这个命运。这也证明，这时候的汉武帝在角色上已经有点任性了、胡来了。

辛弃疾曾经写过一首词：《贺新郎·别茂嘉十二弟》。中间写了很多古今著名的生离死别，其中有一句就是：

> 将军百战身名裂。向河梁、回头万里，故人长绝。
>
> ——《贺新郎·别茂嘉十二弟》

将军李陵，名将，特别能打，但是现在身败名裂，一场悲剧。李陵投降，很多人骂他、诅咒他，但是熊大叔始终认为他是个英雄，只不过是一个失败的英雄。而他的失败，不只是他自己的原因。总之他尽力了，对得起西汉了；而西汉朝廷对他，汉武帝对他，则不免过于冷酷绝情。

## 国学小课堂

读《史记》，需要在不同的本纪、世家和列传中聚拢同一个人的不同故事。以本文中的路博德为例，他在《南越列传》中担任汉军征南大军的总指挥，立下了汗马功劳。但是在李陵的故事中，他扮演了一个不光彩的角色。把一些人的是非善恶分散在不同故事中，并不全部在本人传记中说完，这是司马迁的一个写作手法。这样一来，既不损害信息的完整性，也可以让传记集中笔墨写最能反映传主特色的情节。

## 06

# 黑暗宫廷父子情

　　李陵孤军深入匈奴，无人接应，在杀伤匈奴大批骑兵后，几乎全军覆没，副将韩延年阵亡，李陵投降匈奴。回头看这件事的全过程，不难看出晚年的汉武帝，很多决策都失去了章法。反映在社会上，就是这时候汉帝国东部地区出现了农民起义，这些起义的人被古代史书称为盗贼。司马光认为发生这些起义的原因是汉武帝重用酷吏，结果郡太守这一级的官员相互攀比，你狠，我比你更狠，规定老百姓这不行，那也不行，因随便一个行为就宣布老百姓有罪，动不动就杀人，最后把一些人逼急了，索性跟官府对着干。比较大的起义队伍，已经发展到好几千人。他们攻陷城池，夺取武器库里的兵器，释放监狱里的犯人，把地方官绑起来羞辱甚至杀死。此前发生过氐族人的反抗，但这次是西汉自建立以来，第一次发生汉族人的农民起义，这说明汉武帝的政策出了大问题。

　　汉武帝派了御史大夫和丞相长史去督促各地镇压，但是没效果，汉武帝就出了狠招，派光禄大夫范昆和前任九卿张德等人穿上自己赐予的锦绣衣服，带上象征皇权的节杖，拿着调兵用的虎符，征发正规军去对付这些起义的老百姓。用治安手段不行，就用军事手段。

　　农民起义毕竟还在最初阶段，大部分是乌合之众，禁不起正规军的打击，很多人被杀死，大的郡死者上万，一般的郡也被杀了好几千，这样打了好几

年，才抓住起义军的首领。但是首领死了，这些人并没有彻底消失，他们还是
一群群上山，利用地形优势继续和官兵周旋，没办法彻底消灭。

汉武帝觉得这是地方官处置不力，就颁布了一道法令，叫《沉命法》。这
道法令的名字就带有杀气，主要意思是：发生了老百姓造反的地方，地方官没能
及早发觉制止，发觉了却没有抓足够的人，那么郡太守以下，全体官员都杀头。

汉武帝显然是要用这种办法来恐吓官员，让他们全力镇压，但他忘了人性
都是趋利避害的，逼急了官员也有官员的办法，这就叫上有政策下有对策。地
方官的对策就是即便出事了也不报告，就当没发生。有事我老老实实上报，结
果杀的人不够多，掉脑袋了，那我傻呀，干吗还汇报呀？我这里没有盗贼，天下
太平，百姓安康，社会和谐，没事！下级不上报，上级也不追查，因为你追查下
来，倒是把谎言揭穿了，可是会有更多的人丢了小命，何必呢？这样一来，事情
没有解决，政治风气彻底变坏了，没人说真话了，乱世的迹象出现了。

就在这种纷乱中，汉武帝太始三年（公元前94年），皇子刘弗陵出生。刘弗陵的母亲姓赵，因为住在长安城外的钩弋宫，所以也叫钩弋夫人。

汉武帝非常喜欢钩弋夫人，钩弋夫人怀孕14个月才生下刘弗陵，汉武帝觉得传说中的圣王尧也是其母怀孕14个月生下的，就把刘弗陵出生的那座宫殿的门叫作尧母门，把钩弋夫人比作尧的母亲。这件事让儒家的知识分子非常不爽，到了宋朝，司马光还在批评这件事，他觉得这纯粹就是胡来。司马光骂破天汉武帝也听不到，耳朵也不会烫伤，但这样赤裸裸地暴露皇帝对这个小儿子的疼爱，会导致别有用心的人揣摩皇帝意图，认为皇帝要废掉太子，立刘弗陵为太子，从而做手脚。

这一时期，汉武帝继续求仙问道，虽然不像以前那么热衷了，但依然养了一大群江湖术士，他脑子里整天想这些，又担心人家算计他，不免疑神疑鬼。

征和元年（公元前92年），你看他又改年号了，他一生11个年号，这个征和是第10个。这年冬天，汉武帝在建章宫休息，忽然看见一个男子带着宝剑进了龙华门，他觉得这人行踪可疑，让人赶紧去抓，结果这个男子扔了宝剑就跑了，没抓到。

> 上居建章宫，见一男子带剑入中龙华门，疑其异人，命收之。男子捐剑走，逐之弗获。
> ——《资治通鉴》卷第二十二

汉武帝大怒，把宫门口的羽林军军官杀了，然后征调长安近郊的骑兵，关闭长安城门，在城里搜索，在上林苑彻底搜查，寻找这个人，折腾了整整11天，没有任何结果。

这时候就出现一个说法，说那个男子根本就不是人，是鬼魂，是有人驱使鬼魂来害皇帝。我们知道这纯属瞎扯，就算世界上真的存在超自然力，人类能否像使唤一条狗一样使唤它，还是个问题。但是心理学上有个说法：耳朵听到的，就是心灵愿意接受的。汉武帝疑神疑鬼，他就会相信这种无稽之谈，结合现实中的宫廷斗争和官场倾轧，西汉就发生了大规模的巫蛊案件。

巫蛊，就是巫婆使用一些手段诅咒人。案件从大臣开始，迅速蔓延到太子刘据身上。这个时候的丞相是公孙贺，他的夫人是皇后卫子夫的姐姐，所以公孙贺既是丞相，又是汉武帝的连襟，很尊贵。公孙贺当了丞相，他那个太仆的官儿，就让他的儿子公孙敬声接替了，这小子是个纨绔子弟，仗着父亲的权势胡作非为，挪用了北军1900万的军费，被投入监狱，死路一条。再坏的儿子也是儿子，公孙贺救子心切，跟汉武帝提条件：陛下，你现在着急抓捕黑社会老大朱安世，一直没抓住，要是我抓住了，请陛下赦免我的儿子，毕竟他也是你的外甥啊。

汉武帝答应了。后来公孙贺动用各种力量搜捕朱安世，还真把他给抓住了。朱安世就笑了："算你狠，你抓住了我，可你也完蛋了，你全家都保不住。"他从监狱里上书举报公孙贺，说公孙贺指使儿子公孙敬声和汉武帝的女儿阳石公主一起，在皇帝使用的驰道边埋下木头小人，诅咒皇帝。

征和二年（公元前91年）正月，公孙贺被逮捕入狱，经过一番刑讯逼供，得出结论说案情属实，公孙贺父子都死在了狱中，你可以想象他们受了什么样的折磨。他们全家都被杀光了。四月闰月的时候，又杀了诸邑公主、阳石公主和卫青的儿子卫伉。诸邑公主和阳石公主都是汉武帝和卫子夫的亲生女儿，说杀就杀了。至于女儿们是不是真的诅咒父亲，就说不清了，她们诅咒父亲其实是说不通的，因为她们的一切荣华富贵和权势，都是汉武帝给的，没了汉武帝，换个新皇帝，这些都不好说，所以她们诅咒汉武帝这件事，其实禁不起推敲。

这件事让卫子夫非常痛苦。卫子夫为汉武帝生了太子刘据。最初汉武帝非常疼爱这个孩子，等刘据长大以后，性格宽厚，做事小心，待人彬彬有礼，不像汉武帝，倒是更像舅舅卫青。汉武帝不高兴，觉得这个孩子不像自己，他觉得未来的皇帝应该是大刀阔斧、心狠手辣的，要不然根本搞不定复杂的朝廷政治。除了刘据，汉武帝还和王夫人生了刘闳，和李夫人生了刘旦和刘胥，和另一个李夫人生了刘髆，儿子多，太子又不得宠，卫子夫很担心，怕汉武帝废了太子。汉武帝也看出了她的心思，就让卫青带话："不要担心，我是觉得太子不像我，但这也是他的优点啊，我这样折腾一番，总得有个规矩点的人来接班，我看他最合适，你让他娘别担心了。"

话虽这么说，太子刘据的地位还是受到了冲击，因为他和酷吏们发生了矛

盾。刘据慢慢长大，汉武帝开始把一些事交给他去处理。汉武帝重用酷吏，对待臣子刻薄寡恩。但是太子相反，他比较宽厚，不愿意把大臣和老百姓逼得太紧，这样一来，那些掌权的酷吏就不乐意了，因为他们拿来邀功请赏的事情，到了太子这里，就被否了。久而久之，他们就害怕了，怕什么呢？怕一旦汉武帝死了，太子即位，他们这些人肯定会失去权力、失去利益，于是他们合起来，利用各种机会诽谤太子，说太子的坏话。太子的舅舅卫青去世后，他们更加嚣张了。

汉武帝最初也不是什么都信。比如有个叫苏文的宦官，总是找机会说太子的坏话。有一次，太子刘据去看望母亲卫子夫，在卫子夫那里多待了一会儿，苏文就去告黑状，说太子不像话，和宫女胡来。汉武帝一听，不但没去批评太子，反倒把他的宫女增加到了200个。后来太子听说了苏文打小报告，特别恨

他。苏文和宦官常融、王弼等人，只要一有机会就诽谤太子，太子有点小毛病，就添油加醋地汇报给汉武帝。卫子夫又气又急，就让太子直接去和汉武帝说，让汉武帝把这些小人都杀了，但是太子不答应，他说："父亲聪明，不信邪，他会搞清楚的，不用我去说，也不用担心。"后来有一次，汉武帝不太舒服，让常融去把太子找来，常融回来马上说："太子听说陛下生病，看上去很开心。"汉武帝默不作声。等太子来了，汉武帝一看，太子不但没有开心的样子，眼角还有流过泪的痕迹，只不过强装笑颜。汉武帝就把旁边的人都打发走，只有他们父子俩："儿子，你怎么回事？"太子忍无可忍，哭着把宦官们怎么欺负他的事情说了一番，汉武帝总算把那几个人都杀了。从这件事也能看出来，汉武帝并不是一心要废掉太子，还是维护他的。

卫子夫也是个很好的母亲，她知道形势微妙，就注意自己的言行，不给别人留下把柄，虽然不像以前那样被宠爱了，但待遇还是没有变。这里有个问题，那就是别人说太子坏话，汉武帝不一定信，未必能动摇太子的地位，可是如果汉武帝自己有了疑心甚至有了仇恨呢？

**国学小课堂**

巫蛊在中国古代指祈求鬼神加害于人或以邪术使人迷惑昏狂的犯罪行为。历代均以严刑惩治。

# 07

# 从此父子隔阴阳

　　汉武帝身边那些酷吏和宦官们不断说太子刘据的坏话，离间他们父子的感情。汉武帝是主意很正的人，别人说归说，他自己不会轻易改变想法，所以太子的地位并没有因为被人诽谤而动摇，但是后来情况有了变化，因为汉武帝自己脑子里生"虫"了。

　　"上有所好，下必甚焉。"皇帝喜欢什么东西，下边的人就都去追捧、效仿、攀比，甚至比皇帝还过分。汉武帝神道道地求仙问道，宫里边那些妃子也跟着学。她们把女巫请到宫里作法，无非就是希望自己青春永驻，魅力不减，可以始终吸引皇帝，永远得到宠爱。其中一个办法，就是把小木头人埋在屋里，本意是祭祀、辟邪、乞求消灾免祸，但是宫廷斗争非常激烈，都不择手段，结果就都拿巫蛊当暗器，纷纷到皇帝那里告状，说某某把小木头人埋在屋里，是要诅咒陛下。汉武帝很恼火，为此杀掉的妃子、宫女和牵连到的大臣，有好几百人。他不断处理这种事，心里就种下了根儿。日有所思，夜有所梦，整天惦记巫蛊，难免梦到巫蛊。征和二年（公元前91年），有一天，他中午睡觉，梦见好几千个小小的木头人，都拿着棍子要打他，他从噩梦中惊醒，一下子就生病了，最突出的症状就是健忘，记忆力迅速下降。要是在现在，医生肯定会朝着脑血栓或者帕金森病的方向去找病根，但那时候哪有这种医疗水平

啊，汉武帝就觉得这是巫蛊给害的。

这时候汉武帝身边的宠臣是江充，这个人是个狠角色，当初得罪了赵国太子，就举报人家，由此引起汉武帝注意。他长得很帅气，口才也好，很快就成为汉武帝身边的红人。他知道汉武帝不太欣赏太子刘据，为了讨好汉武帝，他故意在太子那里摆出执法如山的样子，不遗余力地打击太子，所以和太子关系很紧张。现在汉武帝生病了，怀疑有人使用巫蛊的手段，江充觉得机会来了。

我要举报！

他知道，如果太子即位，没他什么好果子吃，决心借此机会扳倒太子。

江充先是告诉汉武帝，说这件事肯定是巫蛊闹的，汉武帝本身也这么想，于是就派他专门调查这件事。江充找了一个胡人巫师，用了各种辟邪驱鬼的手段，然后断言就是存在巫蛊，开始大规模逮捕审判。主要是抓住宫里人刑讯逼供，最后都屈打成招，纷纷举报别人，不管人家有没有做，先招供了，免得自己受皮肉之苦。

这样一来，这个案子就从宫里蔓延到宫外，从长安城蔓延到郊区，又从关中蔓延到全国各地，不断有人被捕，案子越来越大，成了汉朝开国以来最大规模的政治案件，前后被处死的人有好几万，已经有点失控的迹象了。汉武帝这时候已经是个老人了，本来就多疑，以为人人都想夺权，现在一看，果然满世界都是坏人，都居心叵测，就更加不相信身边人了。江充一看时机成熟，宣布说："皇帝陛下生病，就是因为宫里有巫蛊造成的邪气，不除掉巫蛊，陛下的身体就不会好。"汉武帝授权给江充，让他带着一个叫檀何的胡人巫师，在宫里挖地三尺找木头人，找巫蛊的证据。江充为了制造出不是刻意对付太子的假象，先是从那些不得宠的妃子身边查起，渐渐地就查到了太子刘据和皇后卫子夫那里，地面都被挖开，史书说皇后和太子都没地方放床了。

这样折腾一番后，江充放出风声，说在太子东宫的地下挖出的木头人尤其多，还发现了写在绢帛上的神秘文字，都是诅咒汉武帝的，他要把这个情况汇报上去。太子刘据被吓坏了，他哪里知道到底是自己宫里哪个宫女搞了这一套东西，还是江充故意栽赃陷害，一下子就没了主意，只能跑去问自己的老师石德。

这个时候，太子老师的意见非常重要，如果是称职的老师，不但要给太子讲课，还要保护太子，这时候就应该挺身而出和江充斗争，向汉武帝保证太子没问题。可是这个石德，根本就没有这种担当，他最怕的是汉武帝一旦怪罪下

来，自己会被牵连，所以他就出了个馊主意："此前丞相公孙贺父子、两个公主，以及卫伉，都是因为巫蛊案丧命的。现在巫师和使者在你宫里发现了巫蛊的证据，是真有还是人家带进来陷害你的，已经说不清了，不如你假传天子诏书，逮捕江充和巫师，问出实情，查明他们的阴谋。而且现在陛下在甘泉宫，不在长安，皇后派人去汇报都见不着人，也不给回话。皇帝陛下到底身体怎样都不得而知，而江充这样的奸臣又横行跋扈，太子你不想想当年赵高是怎么陷害秦朝公子扶苏的吗？"

表面上看石德是为太子好，其实是坑太子。不管怎样，江充是皇帝派来的，假传诏书逮捕他，这是直接和皇帝作对，等于反叛。还好太子头脑清醒，他说："我是陛下的儿子，我哪能擅自动用大权杀他的大臣啊，不如我去找陛下，让他处置我，没准他会赦我无罪。"说完他就想起身去甘泉宫，但是江充带着人盯着他，不让他走，太子没办法，掉过头来不得不采用石德的主意，决心对付江充。太子派人冒充汉武帝使者去逮捕江充，把江充带到了一个树林里，太子亲自去痛骂江充一番，然后把江充的头砍掉了，又把那个胡人巫师檀何杀了，手段很残忍。太子本来是一个很厚道温顺的人，现在这样做，可见是被逼疯了。

事已至此，太子派了他手下一个叫无且的人带着节杖连夜去了未央宫长秋门，通过一个高级宫女，把消息告诉了皇后卫子夫，然后把皇后宫中一部分弓箭手调出来，取了武器库里的兵器，又调动了长乐宫的卫兵，到这一步，他只有用武装手段保护自己了。

宫里面那些曾经陷害过太子的宦官一看大事不好，纷纷跑到甘泉宫向汉武帝告状，说太子造反了。汉武帝到底还是有头脑的，他说太子一定是害怕了，又痛恨江充，所以才会这样。汉武帝派了一个使者，让他去见太子，把太子带到甘泉宫来。结果这个使者不敢去，怕太子杀了他，在外面磨蹭一阵回来了，

报告说："太子已经起兵造反，他要杀我，我逃了回来。"汉武帝大怒，认定这个儿子已经背叛自己了。这时候丞相刘屈氂听到消息，从长安跑到甘泉宫，汉武帝问别人："丞相都采取什么措施了？"你看这个问题问得就很不讲道理，汉武帝把丞相搞成了一个没有实权的空架子，现在出了事，问他做了什么，他还能做什么？身边人说丞相把这件事压下来，做了保密工作。

汉武帝气得破口大骂："都乱成这样了，鸡飞狗跳了，全宇宙都知道我刘彻的宝贝儿子造反了，还保密，丞相显然没有周公的魄力啊，周公当年不是杀了自己造反的兄弟吗？"

这就要交代一下，这个丞相刘屈氂，是汉景帝的儿子中山靖王刘胜的儿子，论辈分是汉武帝的侄子，太子的堂兄。于是汉武帝授权给刘屈氂，要他去逮捕和处决造反者，可以自己决定赏罚。汉武帝还交代说不要去短兵相接，那样自己人打自己人，会损失很大，把牛车竖起来当盾牌，关闭城门，不让造反者跑出去，然后等大部队来瓮中捉鳖。

这时候传来消息，说太子已经向百官宣布说汉武帝在甘泉宫病重，奸臣乘机作乱。汉武帝一听，不能再待在甘泉宫了，必须亮相，要不然迟迟不见人，大臣们一旦认为皇帝已经死了或者被绑架了，极有可能直接拥护太子登基，到那时他就尴尬了。于是他立刻起身，去了长安以西的建章宫，发令调动长安近郊的部队，所有中二千石以下官员，都由丞相刘屈氂统领，前去讨伐太子。

太子也派使者假传汉武帝旨意，把长安监狱里的囚徒组织起来，让老师石德和其他门客带着。又派人去调动驻扎在长安近郊的两支精锐的胡人骑兵。汉朝骑兵中有胡人部队，很能打，现在太子想要动用他们。

这时候情势非常复杂，他们父子相互之间不知道对方的想法，只看到对方在调兵遣将，都以为彼此要翻脸不认人。而那些官员、囚徒和部队，他们接到的，不论真假，都是汉武帝的旨意，糊里糊涂地就跟着蹚了浑水。恰恰这时候汉武帝身边一个叫马通的侍郎要去长安，得知太子要调动胡人骑兵，知道这是关键一招，那些骑兵要是加入太子一边，汉武帝这边铁定会输掉。他就紧追太子的使者，冲进了胡人骑兵的军营，大声喊叫说："这个使者是假的，不要听他的。"结果太子的使者当场被杀，这支胡人骑兵就跟着马通，替汉武帝作战，进入了长安城。同时，汉武帝调动了中央警卫部队里的一部分水师，以加强兵力，这样一来，汉武帝这边的兵力就有了优势，尤其是他掌控了精锐的胡人骑兵。

这时候，两边都在使用节杖调兵，太子那边的节杖，用的是红色的缨子；为了区别，汉武帝这边就在节杖上特意加了黄牦牛的尾巴。太子坐车到了北军南门外，叫出北军使者任安，把节杖递给他，要他发兵帮助自己。

西汉首都长安的禁卫力量，分为南军和北军，南军1万多人，负责保卫长乐宫和未央宫，是宫廷警卫部队；北军3万多人，负责保卫长安城，辖区面积更大，兵力更多。当年吕太后去世后，周勃就是因为拿到了北军的指挥权，所以吕家人没法成功。现在太子也想掌握北军。北军负责人任安拿到了节杖，进了军门，关闭大门，不出来了。他这就是摆明了态度，既不支持太子，也不对抗太子，实际上是中立了。

太子一看，兵力不足，就下令驱赶长安东、西、南、北4个区域里的精壮男子，壮大自己的力量。他带着这支既有正规部队，也有老百姓的混搭队伍，在长乐宫外和丞相刘屈氂的部队遭遇，双方混战了5天，死了好几万人，长安街边的排水沟里血流成河。民间不知真相，都在传言太子造反，大部分人是不支持造反的，所以太子手下的人越来越少，最后战败了，太子从长安南门逃走了。

此时南门的守门人田仁本该关闭城门，但是他觉得汉武帝和太子毕竟是父子之亲，外人不应该逼迫太子，所以就把太子放走了。丞相刘屈氂想杀了田仁，御史大夫暴胜之说："田仁是2000石级别的官员，你怎么能擅自处决呢？应该先请示。"刘屈氂就释放了田仁，结果汉武帝听到大怒，说："田仁放走了造反的人，丞相杀他，这是依法办事，御史大夫凭什么制止？"暴胜之吓坏了，觉得自己死路一条，就自杀了。

汉武帝派管理皇家事务的官员收走了皇后卫子夫的印玺绶带，卫子夫此时早已愁肠寸断、伤心欲绝，不知道儿子去了哪里，下一步会怎样，汉武帝如此绝情，当年的恩爱如落花流水，她悲愤哀愁之下，就自杀了。

汉武帝掉过头来找北军负责人任安算账，气他当初居然中立，居然不忠于皇帝，就把他和放走太子的田仁一起腰斩了。这时候的汉武帝，已经把太子当

成了敌人，帮过太子的人，他都恨之入骨。这就是皇权的逻辑，为了权力，父子之情不足挂齿。

事情差不多平息后，汉武帝开始琢磨这件事，总觉得哪里不对。这时候地方上有个上了年纪的长者写信给他："你们父子之间有误会，也是被人利用了，现在赶紧停止高压动作，不要追捕太子啦，万一太子有个闪失，就太遗憾啦。"

汉武帝至此，内心已经决定先赦免太子，等太子回来调查清楚，但是他没有说出来。这时候，太子刘据已经逃亡到了长安以东虢州一带的湖县，躲在一个叫泉鸠里的地方。他藏身的那户人家，家里很穷，主人同情太子的遭遇，把他安顿好，自己出去卖鞋赚钱养活太子。但这样也不是个办法，太子想起自己在湖县有个朋友很有钱，就叫人去找他，结果暴露了行踪。下面的地方官并不知道皇帝的心思已经变化，上面也没通知说停止追捕太子，他们听到朝廷通缉的太子就在湖县，立刻派人去包围了那户人家。

太子觉得自己这次无路可逃，更不知道父亲其实已经回心转意，一横心，把门堵上，自己上吊自杀了。官府里有个叫张富昌的士兵，觉得情况不对劲，一脚踢开房门，新安县县令秘书李寿扑进去把太子抱住放了下来，但晚了一步，太子已经没了气息。收留了太子的主人为了保护太子的两个孩子，拿起家伙和官兵搏斗，被杀死了，两个孩子也被杀了。

> 八月，辛亥，吏围捕太子。太子自度不得脱，即入室距户自经。山阳男子张富昌为卒，足蹋开户，新安令史李寿趋抱解太子，主人公遂格斗死，皇孙二人并皆遇害。上既伤太子，乃封李寿为邗侯，张富昌为题侯。
>
> ——《资治通鉴》卷第二十二

太子反叛事件，太子及其子3人死亡，皇后卫子夫自杀，御史大夫暴胜之自杀，任安和田仁被腰斩，江充死有余辜，但连累几万人送命。一切过去后，汉武帝终于意识到，是自己的糊涂，害了儿子和妻子。他放眼看去，大臣们都各怀私心，为了保住自己的官位，在追杀太子中不遗余力。唯独给太子带来点温暖和安慰的，就是张富昌踢开房门，李寿抱着太子，两人试图救太子一命，汉武帝知恩图报，封他们侯爵。

又过了一阵，汉武帝发现，巫蛊案中被逮捕的人，说的很多事情都不属实，一问才知道都是屈打成招，这才意识到自己被江充利用了、蒙蔽了，也才意识到太子当初的举动，是被江充逼到了墙角。这时候，有个叫田千秋的人，他是专门管理汉高祖刘邦宗庙的小官，紧急上书给太子鸣冤叫屈，并说他梦见一个白头发的老头让他来申冤。汉武帝说："这是我们高祖庙的神灵叫你这样做的啊。"他当时就任命田千秋为大鸿胪，从科级干部一下子变成了部级干

部。为什么呀？田千秋把皇帝不好意思反悔，不便于明说的事情，借助神灵祖先的嘴说了出来，汉武帝感激田千秋啊。

到这时候，汉武帝一肚子的憋屈、郁闷和悲苦，都变成了复仇的火焰。江充已经被太子杀了，现在，汉武帝下令，把他全家都杀光，一个不留；那个叫苏文的宦官，说过太子坏话，被活活烧死；泉鸠里那场格斗中，有个人砍了太子一刀，最初作为功劳，那人被任命为北地太守，现在，汉武帝找了个借口，将他全家杀光。

汉武帝怀念儿子，痛悔自己害死了儿子，在太子自杀的地方建了一座高台，叫归来望思台，意思是登高远望，希望太子灵魂归来，史书说这件事"天下闻而悲之"！听到的人都感到伤悲。

这件事中，太子刘据的处置是有不妥之处，但祸根毕竟是汉武帝自己埋下的。太子刘据虽然有冤情，但毕竟是造反了，所以他死后，谥号叫戾，就是乖戾的戾，以后史学家就叫他戾太子。他去世时是汉武帝征和二年。4年后，汉武帝就去世了。戾太子事件，对他的身心健康是一次沉重的打击，对他的威望更是一次沉重的打击，大家意识到原来陛下也会犯错，而且是如此严重的错。

## 国**学**小课堂

汉武帝太子刘据的谥号是戾，这个谥号是刘据的孙子汉宣帝刘询授予的。到底怎么理解，后世有争议。戾的一层含义是乖戾，作为刘据的孙子，汉宣帝不可能给自己蒙冤的爷爷一个恶谥。那就要考虑戾字的另一层含义，就是冤屈。综合看下来，后者似乎更符合汉宣帝的本意，他是用这种方式，替自己不幸的祖父鸣冤。

# 08

# 一代雄主成云烟

汉武帝太子刘据被江充迫害，最后铤而走险，死于非命，沉重打击了汉武帝。偏偏这时候，匈奴又来添乱。汉武帝征和二年年底，匈奴入侵了上谷和五原，烧杀抢掠。第二年开春，又入侵五原和酒泉，杀了地方卫戍部队的两个都尉。

征和三年（公元前90年）三月，汉朝派李广利带兵7万出五原，商丘成带兵2万出西河，马通带兵4万出酒泉，三路大军13万人马，进攻匈奴。匈奴单于听说汉朝大军出动，立刻把所有辎重都转移到匈奴以北的郅居河北岸，左贤王带着他的部落过了余吾河，向北转移六七百里，在兜衔山驻扎下来，单于自己带着精锐部队，渡过姑且河，等待汉军前来决战。

汉军方面，商丘成带着2万人追击撤退的匈奴兵，结果走错了路，追出去很远也见不到匈奴人，就撤兵回来了。他一撤，匈奴就派李陵带着3万骑兵追杀，双方转战9天。匈奴没有占到便宜，损失反倒不小，就撤回去了。李陵战败投降匈奴，本来是不打算和汉朝为敌的，但是汉武帝杀了他全家，他的心态就变了，所以这次带兵追击汉军，大战9天，可见他已经没有什么顾忌了。后世的史学家抓住这一点狠狠批评他，但是我们要设身处地想一想，对李陵来说，第一，杀了他全家，这就已经是敌人了；第二，他身为匈奴贵族，也得有所作为。总之这是一个悲剧，统治者的严重失误，最后要让下面的普通官兵买单，

李陵追杀过去的战友，心情能好吗？其中是非，大家自己去玩味吧。

马通那一路4万骑兵从酒泉出发，一直向西，到了天山脚下，匈奴派大将偃渠带了2万骑兵来拦截，结果还没交锋，匈奴人一看汉军很强大，不敢打，自己撤了，马通也没有主动追上去打，反正是既没有功劳，也没有损失，全军撤了回来。

贰师将军李广利这一路出塞以后，遇到了匈奴大将卫律带领的5000人主力部队，汉军击败了这支部队，乘胜追击，匈奴人拼命逃走，不敢和汉军交锋。总之到了这个时候，汉朝和匈奴的军事实力是不平衡的，一旦汉朝出动主力部队，匈奴是没有办法抵挡的，更不要说消灭汉军了。此前单于带领8万人对付李陵5000人，结果自己损失了1万多人，可见匈奴的战斗力下降得非常厉害，因为能打善战的那批人，已经在此前几次大决战中消耗掉了。匈奴的经济实力也大幅下降，匈奴的草原变成战场，物资不断被汉军破坏，所以还没打仗，单于先急着搬家。

这次出兵，虽然没有像以前漠北战役那样收获丰富，汉军也算胜利了，可是这次行动，主帅李广利内心是焦虑不安的，为什么呢？出兵前，丞相刘屈氂去给李广利送行，送到渭河桥上的时候，李广利对刘屈氂说："你啊，最好尽快劝陛下立昌邑王为太子，这样等他登基当了皇帝，你就可以一直享受荣华富贵，什么都不用担忧啦。"

昌邑王刘髆，是汉武帝和李夫人生的儿子，而李夫人又是李广利的妹妹，李广利的女儿又嫁给了刘屈氂，所以李广利才会打这个算盘。刘屈氂答应了，这对他来说也是好事。可是他们说话时可能声音有点大，被当时在场的一个内廷官员郭穰听到了，他把这事汇报给了汉武帝。册立谁为太子，这是皇帝才能决定的，是皇权的核心，大臣这么私底下商量，是大罪，更何况还是出于家族私心。加上刚刚发生过戾太子刘据反叛事件，汉武帝本来就对接班人的事情高

你啊，最好尽快劝陛下立昌邑王为太子，这样等他登基当了皇帝，你就可以一直享受荣华富贵，什么都不用担忧啦。

# 渭河桥

度敏感，一听这件事勃然大怒，就杀了刘屈氂全家。李广利带兵在外，就把他的家里人都逮捕了，等着下一步处置。

消息传到前方，李广利慌神了，很害怕，知道这下得罪汉武帝了。他手下有个高级幕僚，叫胡亚夫，这个人犯罪了，怕被查出来，才混进军队，找了个庇护所。胡亚夫劝李广利："将军，你的家眷都被逮捕了，等你回去，陛下稍稍不开心，你就等着到监狱里和家人团聚吧，到那时你再想自由行动，就没戏啦。"

李广利左思右想，最后觉得目前功劳还不大，最好是打个胜仗，可以回去赎罪，因此决定带部队继续深入，想捞取更大的战果。该不该打，要取决于战场态势，只能根据战争规律和客观条件决定，不能动机不纯，李广利现在就动机不纯。他带人北上，到了郅居河，派手下带了2万人渡河，和匈奴左贤王、左大将的2万人会战，结果杀死左大将，大败匈奴兵。

这时候汉军长史对另一个将领说："贰师将军看来心思不对，他为了求取

战功，不惜把部队带到危险境地，恐怕再这样下去，我们会失败。"他们就商量着要逮捕李广利，解除他的指挥权，把部队带回汉朝境内。结果消息走漏了，李广利先下手杀了长史，然后带兵往回走，到了燕然山一带，也就是今天蒙古国境内的杭爱山，走不动了。单于知道汉军长途跋涉，又连续打了两场大战，已经非常疲惫，就自己带了5万人去拦截李广利，双方激烈交锋，损失都很惨重。夜里，匈奴人悄悄地在汉军前进方向挖了一道壕沟，宽度刚好是马匹跳不过去，深度刚好是马掉进去跳不出来，然后从汉军后方发起了攻击。

大家想想，李广利夜间宿营，敌人能在前方挖壕沟，要么是李广利没有派侦察兵出去，要么就是侦察兵出去了也找地方睡觉了，反正发生这种情况，就是主帅失职。汉军没有行动自由，被匈奴人压着打，李广利一看必败无疑，投降了匈奴。单于知道他是汉朝大将，把自己的一个女儿嫁给他，地位比卫律更高。而汉朝这边听说他投降了，就把他全家都杀光了。这是汉武帝征和三年，也就是公元前90年的事情，第二年，征和四年（公元前89年），李广利被杀。

事情是这样的：李广利既然比卫律更尊贵，卫律就非常妒忌他。正好单于母亲阏氏病了，卫律买通了巫师，要巫师假传上苍旨意："已故单于告诉我，过去我们祭祀战神，许诺说要拿汉朝的贰师将军来当祭品，现在既然抓到了贰师将军，为什么不拿来当祭品？"

匈奴人这时候的宗教信仰，还是原始的萨满教，巫师在部落里的地位非常高，和单于几乎是齐平的。世俗世界的事情单于可以和贵族商量决策，精神世界、神鬼世界，那就是萨满巫师说了算。现在巫师传已故单于的话，没人可以对抗，于是单于就把李广利抓了起来。李广利破口大骂："我就是死了做厉鬼，也要灭了匈奴。"匈奴巫师用非常残忍的手段杀了李广利。

已故单于告诉我，过去我们祭祀战神，许诺说要拿汉朝的贰师将军来当祭品，现在既然抓到了贰师将军，为什么不拿来当祭品？

这次出兵，汉军最终是损失了三路人马中规模最大的一路。戾太子事件和李广利投降，对汉武帝都是打击，但这也促使他开始反省自己的各种失误。公元前89年，他再次去泰山封禅，之后就对群臣说了一段话，史书是这样记载的：

> 朕即位以来，所为狂悖，使天下愁苦，不可追悔。自今
> 事有伤害百姓，糜费天下者，悉罢之！
> ——《资治通鉴》卷第二十二

我自从登基以来，做了很多张狂反常的事情，让老百姓忧愁痛苦，现在后悔也来不及了。从现在起，如果朝廷政策伤害百姓利益，浪费国家财力，都停了！

田千秋当场就说："陛下，你养了很多方士，我看就全打发了吧。"汉武帝说："是啊，那时候我糊涂，被这些江湖术士忽悠蒙蔽，天下哪有神仙啊，都是一派胡言。好好吃饭，按时吃药，顶多也就少得病而已。"

之后，汉武帝颁布了中国历史上第一道皇帝自我批评的诏书，这就是著名的《罪己诏》，因为话题由结束在西域轮台地区的屯田说起，所以也叫《轮台罪己诏》。在这份诏书里，汉武帝历数了自己政策的种种失误，最后总结了当前最不合理的政策，提出禁止官府苛暴对待百姓；减免赋税以减轻百姓负担，大力鼓励农业生产；用优惠政策鼓励老百姓养马；国防政策就是保证疆土不丢，百姓不被侵害即可，不用再大规模出兵讨伐。

其实，这就等于说，汉武帝经过一辈子的大刀阔斧，经过大规模的扩张，收获了巨大荣誉但也付出了巨大代价，最后返璞归真，又重新开始施行"文景之治"那种休养生息政策。说实话，再不这样做，汉朝经济社会就要出大问题了。

为了表明政策的诚意，汉武帝封田千秋为富民侯，就是藏富于民；又提拔了一个叫赵过的人，做了搜粟都尉，就是千方百计种粮食。这个赵过是个农业专家，他发明了代田法，一下子提高了农作物产量。什么叫代田法啊？就是同

一块田地，不要连着种同一种粮食，今年种了小麦，明年就换别的粮食，这样可以恢复土地的肥力。

调整了国策，接下来最重要的事情，就是确定接班人。戾太子刘据死后，可以做太子的人选，分别是燕王刘旦、广陵王刘胥和钩弋夫人生的刘弗陵。刘旦以为该轮到自己当太子了，就主动上书，要求到宫里当侍卫官，其实就是暗示汉武帝：你该让我当太子了。汉武帝怎么答复的呢？直接把送信的人杀了。

这个刘旦很聪明，也读了好多书，可惜娇生惯养，胡作非为，窝藏亡命徒，汉武帝看不上他。他的弟弟刘胥力气大，喜欢练武，是个粗人，做事情没规矩，汉武帝也不喜欢。只有刘弗陵，身体棒，脑子好，汉武帝很欣赏，决心立他为太子。可汉武帝又担心如果刘弗陵即位，他年纪小，他的母亲钩弋夫人就会掌权，重现当年吕太后专权那种情况。最后汉武帝一横心，断绝夫妻情分，赐死钩弋夫人，让她自杀。

史书中记载的这一段简直让人心碎。有一天，汉武帝忽然开始找碴儿，严厉谴责钩弋夫人。钩弋夫人摘下首饰，磕头谢罪，汉武帝下令：给我带下去，投入宫廷监狱！钩弋夫人一边走，一边回头看汉武帝，不知道这个皇帝丈夫怎么忽然就翻脸无情了，汉武帝说："赶紧走，你活不了，必须死！"最后钩弋夫人就在监狱里自杀了。这件事，在历史上一直有争议，汉武帝的确是铁石心肠的君主，能够对自己的亲人痛下杀手，一切都是为了权力交接后不出问题，他等于是消除了隐患。可是钩弋夫人太无辜、太悲惨了，一则她好端端的，是无罪的；二则就算汉武帝死了，她带着个娃娃皇帝，也未必就是一个新的吕太后。但是汉武帝不能冒险，他必须排除一切潜在的危险，确保江山还是他们刘家的。这就不是个人的问题，而是古代君主专制体制本身的问题了。后来到了北魏时期，鲜卑人拓跋氏觉得汉武帝这招很好，他们也学，要册立谁为太子，先把当妈的杀了，结果最后有个太子不乐意，先把当爹的干掉了。

人类发展的任务，在政治文明方面，就是要去掉这种反人性的、残酷的东西，不能让这种悲剧一再上演。

刘弗陵还小，自己没法决策，母亲又死了，眼看父亲也要去世，成为一个孤儿，这就需要辅政大臣。汉武帝指定的辅政大臣是3个人，第一个是霍去病的弟弟霍光，霍光这时候是奉车都尉、光禄大夫，汉武帝觉得他这个人办事稳当、忠厚老实，很可靠。霍光在宫里陪了汉武帝20多年，愣是一次都没被批评过，可见他是多么小心谨慎而又能干。老实的石庆，还被骂过好多次，霍光一次都没被骂过。霍光的特点，用儒家的话说，叫"慎独"。就是即使只有他一个人在，旁边没有人，他也不放纵自己，不干坏事。有人不知道他是真老实还是装老实，曾经暗中观察过，发现他就是这样，人前人后一个样，按照孔子的意思，这就是君子的特点。汉武帝赐予他宫女，他恭恭敬敬接回家，从不去碰；汉武帝想要把他女儿招进宫里做妃子，他也不同意，反正就是老老实实守住君臣边界，决不跨越一步。

第二个辅政大臣是匈奴人金日磾。金日磾是匈奴休屠王的太子，以俘虏身份到宫里来做奴隶，养马。汉武帝发现他不但把马养得肥壮，而且有个特点，就是其他人看见宫里那么多美女，总是忍不住要偷着看两眼，他从来都是目不斜视，不看。他不是不喜欢女孩子，而是他认为既然规定了不让看，就不要去看。也就是说，他带着匈奴人的那种纯朴，说好的事情该怎样就怎样，汉武帝因此很喜欢他，解除他的奴隶身份，提拔他当官。在守规矩、忠于武帝这方面，他做得比那些汉族官员更到位，甚至到了古板的程度。他的两个孩子，在宫里长大，汉武帝很喜欢。有一天，小孩子调皮，从后面搂住汉武帝的脖子，金日磾大怒，要打孩子，汉武帝很生气，但金日磾认为臣子的孩子不能这样冒犯天子。后来其中一个儿子长大了，经常和宫里的宫女打情骂俏开玩笑，金日

碑看不惯，竟然把这个儿子杀了。汉武帝大怒，但金日磾解释说这样的孩子，长大了也是祸害，因为他不遵守尊卑秩序。汉武帝虽然不痛快，但是内心欣赏他这种无条件的忠诚。金日磾力气大，曾经徒手活捉一个带刀刺客。到现在，汉武帝认为金日磾这样可靠的人，是可以做辅政大臣的。

第三个辅政大臣叫上官桀，他曾经跟着贰师将军李广利出征西域，立下战功，但主要的是善于说好听的，会讨好汉武帝，汉武帝觉得他对自己很好。

后元二年（公元前87年），汉武帝册立刘弗陵为皇太子，第二天任命霍光为大司马、大将军，金日磾为车骑将军，上官桀为左将军，受托孤之任，做顾命大臣。第三天，汉武帝在长安五柞宫去世，享年71岁。

汉武帝不愧是有雄才大略的君主。他对内削夺诸侯，加强中央集权，强化郡县制；对外开疆拓土，北征匈奴，南伐南越，开拓西南，经营西域，扩大了汉朝的版图。他经济上有一套富国强兵的方法，后期亲自主持黄河治理，使黄河几十年不再泛滥；文化上亲自扶持参与，带来了汉赋这种文学形式的大繁荣。可是他

求神问道，追求长生不老，大兴土木，搞了很多豪华建筑和祠庙，正反两方面加起来，耗尽了"文景之治"积累的社会财富，给人民带来巨大的痛苦和损耗。

但是我们必须承认，他在开拓民族生存空间上做的大事，对后世长远发展是有很大贡献的，包括固化南部边疆，开始经营西域，以及树立起汉民族敢于和强大对手血战到底的精神。

从个人品质看，他有好皇帝的优点，比如前半生善于集思广益，善于倾听正确意见，善于不拘一格地用人，善于让专业的人干专业的事，但他也有坏皇帝的毛病，比如残暴、多疑，后期刚愎自用。总之人无完人，他一生大刀阔斧，做的很多事都有激情和想象力，晚年还能勇敢地向天下承认错误，确实有过人之处。

古代历史学家有个共识，就是汉武帝后期做的事情足以让汉朝灭亡，和秦朝皇帝做的事情差不多，但因为汉武帝自己纠正了错误，而且很好地安排了权力交接，国家平稳进入转型轨道，所以汉朝免于亡国。

无论怎样，汉武帝走了，一个时代结束了。坦率地说，汉武帝死后，从刘邦开始的西汉最精彩的100多年，就算过去了。汉武帝去世是公元前87年，此时距离西汉灭亡，不到100年了。

## 国学小课堂

有人说金日磾的"日"字应该读作"mì"，但从史书看，没有特别交代这个字应该读"mì"。胡三省特意交代了金日磾的"磾"字怎么读，但并没有说"日"字应该读"mì"，如果是多音字，他是不会放过的。不过我们要交代一下，"日"字在古代是有"mì"的发音的，否则"氵"加一个"日"，即汨罗江的"汨"就不会读作"mì"了。

# 09

# 苏武归来发如雪

汉武帝去世，一个时代过去，西汉结束了狂飙突进的阶段，重新回到休养生息的国策上。

汉武帝之后，钩弋夫人的儿子刘弗陵即位，这就是汉昭帝。汉昭帝即位时只有8岁，不能独立行使权力。朝中大事，由辅政大臣决定。3个辅政大臣中，金日䃅在昭帝始元元年（公元前86年）就去世了，剩下霍光和上官桀。霍光跟了汉武帝20多年，知道汉武帝厉害在哪儿，也知道汉武帝政策的问题在哪儿。到汉武帝去世时，西汉经济水平下降得很厉害，总人口已经减少一半，所以霍光坚持休养生息，减轻赋税，老百姓渐渐喘过气来。老对手匈奴也是内部分裂，国力更加衰落，不得不主动请求和汉朝和亲，这样一来，内外都没什么大事，老百姓的日子过得宽松了，史学家评论说汉朝又有点"文景之治"的样子了。

汉朝和匈奴的关系缓和，苏武的命运出现了转机。因为苏武宁死不屈，绝不投降匈奴，天汉元年（公元前100年），匈奴人把苏武流放到了北海，让他去那里放羊。刚去的时候，匈奴人不提供任何食物，苏武没有办法，就挖开田鼠的洞，吃田鼠，也吃田鼠藏着的那些野草种子。

这之后怎么办？史书没有详细说，但我们可以推理，那就是除了有一些善

良的匈奴人同情他，给他送些食物外，苏武必须改变过去的生活习惯，像个原始人一样，制造工具，打猎、捕鱼，寻找自然界一切能找到的食物，让自己生存下来。我们这个推理，接下来会在史书中找到证据。

苏武既然放羊，那为什么不吃羊肉、喝羊奶呢？因为匈奴人不允许他杀羊，而且给他的都是公羊，没有母羊，他也就没法喝到羊奶。他在那里生活了五六年以后，匈奴单于的弟弟於靬（wūjiān）王到北海一带打猎，他发现苏武既善于织网捕鱼，又善于使用一种带绳子的箭，还善于设置各种抓捕动物的陷阱和索套。於靬王很喜欢他，赏赐了他衣服和食物。

这些内容是《汉书》里的记载，证明苏武是善于荒野求生的。又过了3年多，於靬王得了重病，知道自己不久于人世，他挂念苏武，赏赐了苏武马匹、牛羊、衣服和帐篷，苏武总算过得像模像样了。但是於靬王去世后不久，这一带的於靬

部落也搬走了，苏武失去了保护伞，另一个少数民族丁零人过来抢走了於靬王赏赐给苏武的牛羊，他又一贫如洗，不得不重新回到那种艰难的原始生活状态。

苏武在汉朝的时候，和李陵是同事，两个人私交很好。李陵投降以后，很想去见苏武，可是又觉得没脸去见。过了很久，单于派李陵去找苏武，让李陵劝说苏武投降。单于觉得苏武刚开始是热血澎湃，不肯屈服，现在这么多年过去了，艰难困苦，热血变冷了，激情也消退了，该现实一点了。

李陵到了北海边，找到了苏武，设宴招待他，对苏武说："单于听说我和你关系好，就派我来劝说你，他是诚心诚意准备好了官位，等着你回心转意。你现在的情况，肯定回不到汉朝去，那么你在这里硬撑着，其实完全是自讨苦吃。没错，你是要坚持你的忠诚仁义，坚持你的使者节操，可是这个地方没有人啊，是无人地带啊，你做这些给谁看呢？你在这里苦苦熬着，可是你的哥哥和弟弟，都因为有失误，畏罪自杀了。我来匈奴的时候，你的母亲已经不在了。你的妻子，还很年轻，我听说已经改嫁了。至于你的两个妹妹，你的一个女儿、一个儿子，10多年过去，我也不知道他们的音信。人啊，就像早晨的露水，说没就没了，何必这样自虐自苦呢？我刚投降的时候，每天痛苦恍惚，觉得对不起汉朝，加上老母亲被投入监狱，我那种不愿意投降的心态，不比你差多少。而且你看看，你效忠的是谁？陛下年纪大了，糊涂了，早晨的想法下午就变，头一年的法令第二年就改，伴君如伴虎啊，没有罪却被杀了全家的大臣有好几十个啊。个人安危生死尚且没有保障，你还效忠谁啊？你听我的，别再固执了。"

李陵说的话听起来很有道理。苏武出使匈奴，困在那里，没有什么回报，却家破人亡、妻离子散，他这么坚守，值得吗？但是苏武自有他的价值观。他说："我们一家，从父亲到我们兄弟，其实没有什么功劳，但是陛下重用我

们，提拔我们，出征是将军，回来是侯爵，我们无以为报，就是肝脑涂地也要忠于大汉。如果我死了就能报效朝廷、报效陛下，那么就是杀了我，我也是心甘情愿的。臣子服务君主，就像儿子侍奉父亲，死了也不会有遗憾，你什么也别说了。"

苏武那个时代讲的忠，主要是忠于君主，也就是我们说的忠君思想。这种思想今天看来是有局限的，但它是那时候的主流价值观，是士大夫和儒家知识分子的精神支柱。皇帝代表朝廷，朝廷代表国家，忠于皇帝和忠于国家，在那时候是一体的，我们不能用今天的眼光去苛求那个时代的人，反过来要设身处地，意识到这种坚持的难能可贵。

李陵第一次劝说苏武没有成功，俩人便不谈政治，继续喝酒聊天。又过了几天，李陵想再试一次，就说："子卿啊，你听我说一句，就一句，好不好？"子卿，是苏武的字，姓苏名武字子卿，古人为了表示礼貌，一般称呼别人的字而不是名。苏武说："你什么都别说。其实我早就做好了死的准备，如果大王你非要逼我投降，那么我俩的交情就完了，今天这种欢聚也就没了，我立刻死在你面前。"

李陵称苏武为子卿，这是朋友之间的称呼，没问题。可苏武称呼李陵为大王：你要逼我投降，那我就称呼你为大王，你不是匈奴的右校王吗，那我们就是敌人，不再是朋友，称呼也要跟着变。李陵一看苏武是铁了心不会投降，就长叹一声："哎呀，真是义士啊，像我和卫律这样投降的人，罪过太大，老天爷都知道啊。"说完哭了一场，和苏武诀别而去，临走时给苏武留下了一群牛羊，让他过得好一些。

汉武帝去世后，李陵又去见苏武，把这个消息告诉他，史书记载说苏武面朝南方放声痛哭，哀伤了好几个月。他是汉武帝时出使的，总怀着一个念头，

那就是有朝一日可以去向汉武帝复命：陛下，你派我出使匈奴，我没有给你丢脸，没有给大汉丢脸！现在汉武帝去世，某种意义上，苏武的梦想破灭了，他再也没法向派他出使的皇帝复命了。

> 陛下，你派我出使匈奴，我没有给你丢脸，没有给大汉丢脸！

但是没有想到，汉武帝去世后不久，命运的转机就出现了。汉昭帝始元六年（公元前81年），匈奴主动提出跟汉朝和亲，汉朝使者到了匈奴，提出的第一个条件就是把苏武交出来，同时释放其他几个一直不肯屈服的汉朝外交官。

单于不愿意放人，就骗使者说苏武已经死了，太遗憾了。匈奴和汉朝和亲，这种外交谈判不是一次就能搞定的。第二次去的时候，有个人找到了汉朝使者，谁呢？就是当初和苏武一起去匈奴的常惠。常惠知道苏武在哪里，给使者出了个点子，教他该怎么说。使者第二次见到单于，就讲了个故事：

"我们的皇帝陛下去上林苑打猎，射下来一只大雁，大雁脚上绑着一块绢

帛，上面有字儿，说苏武等人在北海那边。苏武明明还在，单于你为什么骗我们呢？"

单于哪里知道这背后的玄机，他惊呆了。他认为可能是苏武发出了求救信，把信绑在了大雁脚上。但怎么会这么巧，万千大雁南下，各个都在高飞，偏偏带信那只，就被天子射中，这种概率和小行星撞地球一样低，不是天意又是什么呢？单于被逼到墙角，没办法，只好很尴尬地承认说苏武等人的确还活着。

> 后汉使复至匈奴，常惠请其守者与俱，得夜见汉使，具自陈道。教使者谓单于，言天子射上林中，得雁，足有系帛书，言武等在某泽中。使者大喜，如惠语以让单于。单于视左右而惊，谢汉使曰："武等实在。"
> ——《汉书·苏武传》

这样一来，苏武的苦日子就到头了。匈奴决定把他和马宏交还给汉朝。马宏也是一个铁骨铮铮的汉子。他曾经是光禄大夫王忠的副大使，和王忠一起出使西域，半路上被匈奴人拦截，王忠战死，马宏被俘，他宁死不降，一直被扣押，现在终于可以和苏武一起回到祖国。

苏武临行前，李陵设宴给他送行，祝贺他苦难结束。李陵说："现在你回到汉朝，扬名于匈奴，功显于汉室，在匈奴和汉朝人眼里都是英雄。即便是自古以来史书记载的那些外交英雄，图画上画的那些贤人豪杰，又有几个能超越你呢？我李陵虽然能力低下，不够勇敢，可如果朝廷当初体谅我的处境，让我戴罪立功，保全我老母亲、妻子、孩子的性命，我也能背负耻辱，找机会报效朝廷，可以像历史上鲁国的曹刿劫持齐桓公那样，对匈奴有所动作，这是我当

初日夜不忘的念头。可是，朝廷杀了我所有的亲人，从老到小，一个不留，那我还有什么可顾忌的呢？算啦，都过去了，这些心里话，我就只对你说，永别了，子卿！"说完李陵潸然泪下，和苏武诀别。

终于回家了！

长安

单于召集文武大臣，把幸存的汉朝使团成员全部找来，隆重送行。当初100人出使，现在只有9人回去。苏武回到长安，朝廷派他用最隆重的礼仪去太庙拜祭汉武帝，表示苏武回来复命。汉朝任命苏武为典属国，就是管理一切附庸国外交事务的官员，级别是中二千石，赏赐二百万钱，一顷土地，一座宅院。其实赏赐什么都弥补不了逝去的岁月。苏武40岁出使，在匈奴艰难困苦地度过了19年，回来时59岁，头发、胡子全白了。

这时候掌握朝中大权的霍光和上官桀，当年都是李陵的好朋友，他们觉得李陵应该回来，就派和李陵关系最好的3个朋友去匈奴，劝说李陵回到汉朝。李陵说："回去容易啊，只是大丈夫投降匈奴，已经受过一次耻辱，现在如果回去，还要被官府审问调查，又得受一次耻辱，算啦，就这样吧。"

李陵此后一直待在匈奴，最后老死在那里。后世历史上重新崛起的一些匈奴人，自称是李陵的后裔。有一部很精彩的长篇评书，叫《杨家将》，说了北宋名将杨业和他的儿子们杀敌报国的故事。其中有个情节是：杨业被困在两狼山，看到一座苏武庙，庙里有一座李陵碑，杨业最后不愿意做契丹人的俘虏，一头撞死在李陵碑上。当然这是小说虚构的，真正的历史是杨业血战到底，最后被契丹人俘虏。这位号称"杨无敌"的英雄，宁死不屈，绝食而亡。《杨家将》里虚构的这段情节，表现出中国人对李陵和苏武故事的复杂情感，但无论怎样，苏武是中国外交官的精神偶像，而李陵也绝不是那么简单的一个叛徒。

东西方对于投降的态度是不一样的，西方认为军人只要尽了义务、尽了职责，到了弹尽粮绝、山穷水尽的时候，就可以体面地投降；而东方则认为，宁死不降、宁死不做俘虏才是对的。今天，我们意识到，东西方这两种观念，各有闪光之处，熊大叔觉得最好的表达应该是：每个人都有权选择是生还是死，

是身处绝境依然战斗还是问心无愧后放弃抵抗；至于国家和公众，不该强求每个人都做苏武，也不该谴责那些做了李陵的人。

## 国学小课堂

司马迁生于公元前145年，受宫刑是在公元前99年。我们不知道他是哪一年去世的，怎样去世的。但是从司马迁写李陵，可以大致推断他在哪个时段去世。《史记》中的李陵故事，截至李陵投降后两年，也就是公元前97年，没有涉及公元前81年他和苏武的诀别，甚至没提到李陵在公元前87年告知苏武汉武帝去世的消息。另外，《史记》中关于钩弋夫人被赐死的故事，也不是司马迁写的，而是褚少孙补入的，而钩弋夫人死于公元前88年。司马迁受过宫刑之后，依然是中书令，也没有被罢官的记录，但公元前88年的时候，中书令是郭穰。此时司马迁不到60岁，按规定不可以离任，所以很可能是已经去世了。综合看下来，司马迁应该死于公元前97年至公元前88年之间，比汉武帝早死几年。

# 10

# 襁褓皇孙成死囚

西汉外交官苏武在匈奴历尽艰辛19年，最后回到祖国。这时候汉昭帝执政，他8岁即位，23岁去世，其间发生的最重大的事件就是上官桀谋反被杀，汉武帝安排的3个辅政大臣，只剩下霍光一人。

关于上官桀谋反事件，准确地说是上官桀觉得自己被霍光压制，想要得到更大的权力和影响力，而燕王刘旦也不满意自己没有成为太子，没能继承皇位，所以他们两个人合起来对付霍光，殊不知霍光手腕更高，权力也更大，在朝中的支持者远远多于他们两个，所以最后这场权力斗争的结果是霍光胜出。

> （上官桀）谋令长公主置酒请光，伏兵格杀之，因废帝，迎立燕王为天子。事发觉，光尽诛桀、安、弘羊、外人宗族。燕王、盖主皆自杀。光威震海内。昭帝既冠，遂委任光，迄十三年，百姓充实，四夷宾服。 ——《汉书·霍光传》

这个故事，《资治通鉴》用了很多笔墨去写，但是熊大叔不想和大家讲得太细，因为是黑暗权谋故事，大家大致知道是怎么回事就好。值得大家注意的是，霍光这时候的身份是大将

军，听起来是个军事统帅的称号，但是从汉武帝之后，这个职务都是朝里最有权力的大臣，可以说军政大事一把抓，而且从霍光开始，都是由外戚担任，这就埋下了一个伏笔，那就是外戚将成为西汉乃至后来东汉政治中真正的实权派，他们会严重影响汉朝的权力格局平衡。

汉昭帝元平元年（公元前74年），汉昭帝病逝，没有儿子。这时候从法理上说最有资格继承皇位的是汉武帝的儿子广陵王刘胥，很多大臣也认为他应该即位，但是霍光觉得汉武帝生前很不喜欢刘胥，刘胥四肢发达、头脑简单，担不起皇帝的重任，所以反对立他为新君，最后选择了昌邑王刘贺做皇帝。

昌邑王刘贺是刘髆的儿子，在这之前名声就一般，属于那种贪玩放纵的纨绔子弟。按照古代严格而繁复的礼仪，他的爷爷汉武帝去世，他应该停止一切娱乐活动，悲悲戚戚地哀悼，或者说至少装作哀悼。可他照样胡吃海塞，玩得

非常开心。别人劝他，他看起来也听，态度很好，但就是不改。

虽然广陵王刘胥不够文质彬彬，有点粗野，但他至少不胡作非为。可这个刘贺，根本就是个小混混，霍光为什么要选他当皇帝呢？一个比较合理的解释是，霍光担心选了一个年长的人做皇帝，自己控制不住，昌邑王刘贺毕竟是个孩子，好控制。可事实证明，刘贺到了长安，都做了皇帝了，依然整天胡闹，完全不理睬人伦和法律，把后宫变成了一个游乐园，占有汉昭帝的妃子，搞得乌烟瘴气。而且他根本不听任何人劝，不听老师的，也不听霍光的，史书中列了他一堆罪名。最后霍光担心他一旦长大，翅膀硬了，会成为一个昏君加暴君，就和几个主事大臣商量，经过皇太后同意，废掉了刘贺，决定物色新的皇帝。

可是看来看去，汉武帝留下的这些孩子，要么人品不行，要么没本事，都不是当皇帝的料。当初霍光力排众议，不顾大家反对立了刘贺，事实证明是个糟糕的选择，所以他现在必须非常慎重，不能在同一个地方摔倒两次。那么立谁呢？这时候，一个原本不引人注意，甚至很多人都不知道有这么个人的人，出现在大家的视野中。

　　我们前面讲过，汉武帝的太子，卫子夫的儿子刘据，因为被江充陷害，最后自杀身亡。刘据生前，娶了一个姓史的鲁国姑娘。按照汉朝的规矩，太子身边的女人分三个级别，第一等是妃子，第二等是良娣，第三等是孺子。史姑娘是第二等，所以叫史良娣。史良娣给太子刘据生了一个儿子，取名叫刘进，这就是汉武帝的孙子，因为母亲姓史，所以叫史皇孙。史皇孙刘进娶了涿郡王夫人，生了个儿子取名刘病已，字面意思是病好了。大概生下来身体一般，所以取这个名字来保佑健康太平。他是汉武帝的皇曾孙。刘病已出生几个月时，爷爷卫太子刘据被江充陷害，起兵抗争，最后自杀。刘据的三个儿子、一个女儿和所有妻妾全都被杀，只有皇曾孙刘病已幸存下来，被关在长安监狱里。

　　宫廷监狱的典狱长丙吉是鲁国人，也就是今天山东曲阜人，他知道太子是被冤枉的，更同情皇曾孙刘病已这么小就遭遇牢狱之灾，所以就从囚徒里找了两个哺乳期的女囚犯，一个叫郭征卿，一个叫胡组，让她们好好喂养刘病已，还专门给这个孩子找了监狱里最干净的地方。丙吉每天都去看望刘病已好几次，唯恐孩子有个三长两短。

　　牵连到卫太子的那个巫蛊案，闹得越来越大，杀了很多人，汉武帝很烦恼，脾气很糟糕。偏偏这时候有个江湖术士说他望气时发现长安监狱里有天子气。汉武帝不知道自己的曾孙在监狱里，一听很紧张：有天子气，那岂不是意味着要出一个皇帝，那不就是说我们刘家的汉朝要完蛋吗？这是皇帝最忌讳的事情，没有比这更可怕的了。汉武帝决心不留任何隐患，派了内廷官员、太史令郭穰带人去监狱，不管什么罪名，不管罪行轻重，一概杀光所有囚犯，可真是宁可错杀三千，不可使一个漏网。

　　使者到了长安监狱，宣布皇帝命令，要典狱长丙吉打开监狱大门，准备处

陛下！我今日望气，发现长安监狱里有天子气。

算

命

决所有犯人。丙吉真是好样的，他冒着杀头的危险抗旨，说："陛下的曾孙就关在这座监狱里，你们准备把他也杀了吗？任何一个普通人，只要不是死罪，都不能说杀就杀，更何况你们要杀的还是当今陛下的曾孙啊。"

郭穰大怒，威胁丙吉说："你这样公然违抗陛下旨意，是要掉脑袋的。"丙吉绝不退让，宁死不肯打开监狱大门。双方僵持了整整一夜，汉武帝那边迟迟得不到郭穰回音，已经很不耐烦；监狱这边，丙吉手下所有人都吓得魂不附

体，知道这样对抗下去，不但丙吉是死路一条，他们所有人都要受到牵连。卫太子唯一的后裔，还在襁褓之中，就要被送上断头台。

## 国学小课堂

汉朝有完备的法律，也涌现了张释之、张汤等法学家，执法也号称严明。但是汉武帝担心皇权受威胁时，他会不分青红皂白杀光所有犯人，不论轻罪重罪，不管死刑活刑，这就是人大于法的可怕所在。大家读历史，要留心这些实际情况和概念的冲突，并善于在对比中找到真实的信息。

# 11

# 刘家少年初长成

丙吉为了保护皇曾孙刘病已，拒绝执行汉武帝命令，堵住监狱大门，不让执行屠杀命令的郭穰进门。僵持了整整一夜，郭穰进不去，回来向汉武帝汇报，说典狱长丙吉不听话，如此这般。他狠狠告了一状，要求汉武帝严惩丙吉。殊不知这反倒提醒了汉武帝，他意识到原来卫太子刘据的孙子，自己的亲曾孙也在囚犯里。他觉得丙吉誓死保护皇曾孙是老天爷的意思，是天注定卫太子的血脉不会断绝。最终他不但没有惩罚丙吉，还宣布大赦天下，结果长安监狱里那些原本要被汉武帝屠杀的囚犯，因此全都逃过一劫，史学家认为这要归功于丙吉的善良和勇敢。

丙吉照顾皇曾孙刘病已，不是要谋取什么好处，他就是出于朴素的同情心；后来抗旨，冒着被杀头的危险保护刘病已和其他犯人，也是出于朴素的认识，那就是即便贵为天子，也不能没来由地乱杀人，更不能狠毒到杀一个还在吃奶的孩子。熊大叔多说这几句是希望大家将来掌握权力，或者说有机会决定他人命运时，一定要凭着良心做事，不要为了维护自己的权力或者私利，就昧着良心做事，去让无辜者付出代价。

刘病已逃过这个劫难后，丙吉还是不放心，觉得孩子不能养在监狱里，就让手下一个可靠的人，带着他的亲笔信，让奶妈胡组陪着孩子，一起去了京兆

尹那里。京兆尹是西汉首都所在地长安的负责人，就相当于今天的北京市市长，但这个京兆尹估计是怕政治上不安全，不肯接收，又把奶妈和孩子送回了长安监狱。

丙吉没办法，只好继续在监狱里抚养这个婴儿。养到两岁多时，胡组刑满释放，要出狱了，结果孩子哇哇大哭，就是不放她走，胡组也心如刀绞。最后丙吉求胡组："我用我自己的钱雇你继续照顾孩子，委屈你留在监狱，等孩子大一些再说。"胡组虽然是女囚身份，我们不知道她是因为什么坐牢，但她对刘病已很好，最后答应了丙吉，留在监狱，和另一个女囚郭征卿一起，继续照顾刘病已。又过了一段时间，丙吉实在不好意思让人家一个刑满释放的人继续在监狱待着，这才让胡组离开。

　　过了一阵子，皇宫里一个钱粮保管员来找丙吉："这个皇曾孙刘病已，现在在监狱里养活着，上头虽然不杀他，可是也没说要养活他，他这份口粮从哪儿出啊？"丙吉说："这个好办，他吃我的。"

　　刘病已从此就靠丙吉的俸禄养活，慢慢长大了，中间好几次病得非常严重，丙吉找来医生给他看病，照顾得无微不至，也是这个苦命的孩子生命力顽强，硬是挺了过来。后来丙吉打听到刘病已的奶奶，也就是卫太子的夫人史良娣家还有亲人，她的母亲和哥哥史恭都在，就把刘病已送过去，亲人团聚。

　　史良娣的母亲叫贞君，是刘病已的太外祖母，她年事已高，蒙受了女儿、女婿和外孙、孙女被杀的巨大悲痛，原以为女儿全家都没了，现在忽然看到外曾孙还活着，又是欢喜，又是悲伤，就倾尽全力，亲自养活这个死里逃生的孩子。

　　后来，汉武帝意识到卫太子的冤屈，觉得对不起儿子，下令让后宫养育刘病已，并且把他正式列入皇室宗亲的名单，刘病已在生活上就有皇族待遇了。但是卫太子毕竟起兵了，法律上讲，无论是否被人逼迫陷害，都已经构成了反叛的事实，所以刘病已作为他的孙子，没有政治待遇，很多人还是躲得远远的，唯恐牵连到自己。

　　这个时候管理宫廷生活事务的官员叫张贺，他是卫太子生前的手下，卫太子对他很好，他也很同情皇曾孙刘病已的遭遇，就很细心地照顾刘病已，教刘病已读书，还想把自己的女儿嫁给刘病已。

　　这个时候，汉昭帝刚好20岁，刚刚举行过冠礼，成年了。汉昭帝身高八尺二寸，超过了1.8米，看上去高大健康，没人料到他3年后就会病逝，所以张贺的哥哥，右将军张安世非常顾忌弟弟的动作，怕他太冒进了会得罪皇帝。当张安世听说弟弟要把女儿嫁给刘病已时，很生气地说："皇曾孙是卫太子的后裔，

你这样也太轻率了吧，
一顿酒喝完，二两迷魂
汤下肚，就订了女儿的
终身大事。

朝廷能够养活他，已经是莫大的恩惠、莫大的幸运了，你别跟我提什么嫁女儿的事儿！"

按照古代伦理，如果父亲不在，哥哥就和父亲一样权威，再加上张安世是右将军，张贺只是个宫廷管理员，地位太悬殊，张贺不能不听哥哥的，无奈打消了把女儿嫁给刘病已的念头。但张贺还是想让刘病已成个家，就找到一个叫许广汉的同事，请他喝酒吃饭，然后对他说："皇曾孙眼看着长大了，他是皇帝陛下的近亲，别看现在不行，将来最低也得被授予一个关内侯的爵位，你的女儿嫁给他不亏。"这个许广汉也痛快，觉得刘病已不错，就答应了。

许广汉回去跟夫人一说，他夫人大怒："你这样也太轻率了吧，一顿酒喝完，二两迷魂汤下肚，就订了女儿的终身大事。"可是许广汉一言既出，驷马难追，这门亲事不能反悔了。许广汉就找了个媒人，认认真真地走了明媒正娶

的过程，把女儿许平君嫁给了刘病已。张贺拿出自己的全部积蓄，风风光光地替刘病已办了婚礼。

这个当然是典型的包办婚姻，可是小两口相互喜欢，感情挺好。汉武帝曾孙，卫太子孙儿刘病已，这就算是有家有室的人了。许广汉一家对他很好，太外祖母史家全家对他也很好。他到东海郡一个叫濩（fú）中翁的先生那里，刻苦攻读《诗经》，不但学习文法，而且学习书中的思想和前代人的智慧。史书说他脑子好使，学习又很刻苦，是个学霸。可这个学霸又不是书呆子，喜欢舞枪弄棒、耍剑玩刀，行为方式很像个游侠。他喜欢各种游戏，黑白两道都有朋友，所以他很清楚民间什么人是好人、什么人是坏人，也知道那些基层官吏到底会耍怎样的手腕，玩什么样的猫儿腻。他这种接地气的为人处世之道，很像他的远祖汉高祖刘邦；而他喜欢旅游，喜欢乱跑，又像他的太爷爷汉武帝。

> 受《诗》于东海濩中翁，高材好学，然亦喜游侠，斗鸡走马，具知闾里奸邪，吏治得失。 ——《汉书·宣帝纪》

刘病已把长安周边都跑遍了。有一次当驴友，结果被困在一个盐池里，险些丢了性命，但此后还是继续旅游。他不喜欢在长安待着，一般都在杜县和鄠县之间来回跑，大部分时间在下杜一带活动，这里距离长安城有9里地。他已经算是皇室成员了，所以时不时也去长安朝见皇帝，每当这时候，就临时住在一个叫尚冠里的地方。

汉昭帝去世，昌邑王上台又立刻被废除，皇帝的位置空缺出来，霍光和张安世等大臣商量物色人选，还没有定下来的时候，丙吉提醒霍光："大将军你当年辅佐孝武皇帝，是他亲自托付后事的顾命大臣，这是非常重大的责任。孝昭皇帝去世后，选拔了昌邑王刘贺，觉得他不合适，就果断废掉他，天下都是很服气的。现在你只顾盯着朝里、盯着宫廷，却没有去看看民间是否有合适人选。按照孝武皇帝遗诏养育的皇曾孙刘病已，现在已经18岁了，精通儒家经典，很有才干，做人处事都很得体、有分寸，希望将军能考虑选他继承皇位。"

另一个叫杜延年的大臣也很看好刘病已，一起劝霍光和张安世册立刘病已为继承人。说实话，这时候霍光他们找来找去，也找不出比刘病已更优秀的候选人，于是决定让刘病已接班。非唐朝诗人熊大叔说："刘家有男初长成，养在民间人未识。天生英才难自弃，一朝选来做皇帝。"

汉昭帝元平元年（公元前74年）七月，霍光主持仪式，向孝昭皇太后请示，建议立刘病已为皇帝。皇太后下诏同意，霍光即派人去长安尚冠里把刘病已接来。因为时间紧急，来不及用天子专用的车，只好派了一辆用于打猎的高大的车，把他接来，在未央宫拜见皇太后。

皇太后封刘病已为阳武侯。大家可能会问：他都要当皇帝了，怎么还封侯啊？因为这时候，刘病已虽然算是皇室成员，却没有任何官职和爵位，就是平头百姓，而朝廷是不能允许平头百姓直接当皇帝的，必须给他一个政治上的梯子，所以要先封侯爵。按照礼仪走完全部仪式流程以后，刘病已接受皇帝印玺绶带，正式登基称帝。

从废除昌邑王刘贺，到刘病已即位，总共27天，汉朝是没有皇帝的，但是也没有出现任何问题，古代历史学家认为这是霍光能力强，足以驾驭形势的表现。

刘病已做了皇帝，得有个皇后，大臣们心照不宣，都觉得必须是霍光的女儿，但是也都没有明说。刘病已在民间，已经娶了许广汉的女儿，一年后生了

儿子刘奭（shì）。刘病已当皇帝，许氏就进宫当了婕妤，婕妤不是皇后，地位比皇后低。刘病已知道大臣们肯定会来提交皇后候选人，他发出了一个暗示："我以前在民间用过一把剑，那是我的老物件，我很喜欢，你们去替我找来。"大臣们一听就懂了，原来皇帝的意思是我恋旧，不是那种喜新厌旧的人。于是大臣们立刻集体建议册立许婕妤为皇后。从这上面也能看出来，刘病已是个重情重义的人，同时也有意识地用他自己的方式和官僚集团博弈。

刘病已登基做皇帝10年后，改名叫刘询，字次卿。因为他改名叫刘询，这个"询"字，老百姓就不能用了，凡是用"询"字的地方，就都要改成谋略的"谋"，这是避讳。刘询，就是西汉的中宗孝宣皇帝。他是刘邦之后，第一个

也是唯一一个来自民间，有过童年牢狱之灾，甚至在死神面前走过一回的皇帝，这种经历，必然深刻影响他的治国理政。

国学小课堂

　　"里"字含义丰富，其中一个意思是"户口编制单位"。一里包含的居民户数各代不一样。按照周朝制度，一里二十五户。尚冠里是西汉时期长安的一片贵族聚居区，霍光的宅子也在这里。

## 12

# 死囚牢里师生情

汉武帝曾孙经历无数苦难，最终继承皇位，这就是汉宣帝。汉宣帝本始元年（公元前73年）春天，汉宣帝下诏犒赏扶持他登基的大臣，以霍光和张安世为首，一群臣子加官晋爵。这时候出现了非常微妙的一幕，那就是辅政大臣霍光向汉宣帝提出，要交出所有权力，军政大权皇帝说了算。史书记载说："光稽首归政。"霍光跪下来磕头，请求皇帝允许自己交出权力。这时候汉宣帝即将年满20岁，按照古代标准，这就算是成年了，既然成年，就可以独立决策了。但是有意思的是："上谦让不受。"汉宣帝非常谦虚地推辞，表示自己能力还不够，不能担起这个重任，还得霍光继续辅政，所有大事，无论是地方官还是朝中官员，有事情都先向霍光汇报，然后再来向皇帝禀告。

更有意思的是，霍光也没有继续努力，一听皇帝推辞，就不再坚持，自己继续掌握大权。其实这时候汉宣帝既有独立行政的能力，也有独立行政的愿望，但他的高明之处，就在于很清楚此刻西汉朝廷的权力现状。

史书说，从汉昭帝开始，霍光自己是大将军、顾命大臣，是西汉官僚集团的灵魂人物和领袖；他的儿子霍禹和兄弟的孙子霍云，都是中郎将；霍云的弟弟霍山是奉车都尉兼侍中，管着宫廷警卫部队里的少数民族精锐；霍光的两个女婿分别担任东西两宫的警卫部队长官。他们家族的人担任大小官职，亲戚关

系盘根错节，放眼望去，霍家人几乎占据了所有要害职位。

废除刘贺之后，霍光的影响力更强，大家意识到当他决定废除一个皇帝时，朝里没有人能阻止他。汉宣帝刚刚上台，没有任何根基，朝里也没有心腹，他清楚地知道，如果他过早地表现出对霍光的不满，他自己能不能坐稳，就是个严重的问题，所以他摆出谦恭的姿态，不肯接受霍光交出的权力。

如果霍光足够明智，能够看清皇帝的真实心思，那么他就应该继续上交权力，摆出一个"如果陛下你不接受，我就死给你看"的姿态，汉宣帝应该是会松口的。现在的问题是汉宣帝说了不接受，霍光就不再努力了。说到底，他还是舍不得放权。说好听点，是担心年轻的皇帝压不住阵脚；往坏处说，是他担心过早交出权力，没法很好地维持霍家的既得利益。这其实是汉宣帝和霍光关系的一个隐患，只不过现在还不是矛盾爆发的时候。

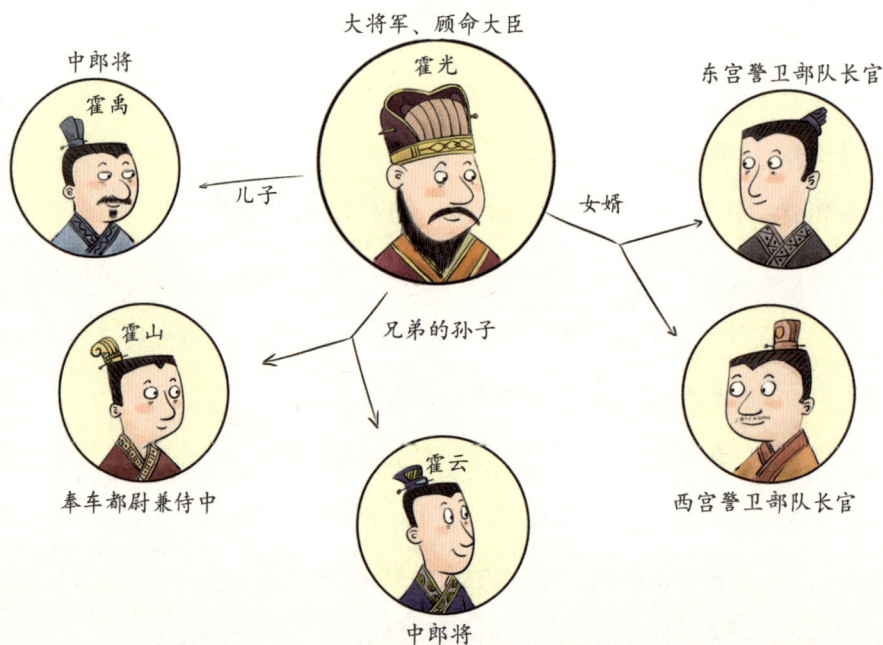

中郎将
霍禹

大将军、顾命大臣
霍光

东宫警卫部队长官

儿子

女婿

霍山

兄弟的孙子

霍云

奉车都尉兼侍中

中郎将

西宫警卫部队长官

汉宣帝即位后，觉得父亲和爷爷都在巫蛊案中死于非命，现在自己是皇帝了，就想重新给他们一个说法。汉宣帝本始元年（公元前73年），汉宣帝下诏说："已故皇太子埋葬在湖县，没有谥号，只是每年去祭祀一下，现在可以讨论一下，给他一个谥号，并且修建墓园。"大臣们讨论后答复说："皇权交接的规矩是，皇帝从谁那里继承皇位，他就是谁法理上的儿子，就应该祭祀谁。自己的亲生父母，反倒不能享受这种祭祀。陛下继承的是孝昭皇帝的皇位，那么你只能祭祀孝昭皇帝，不能祭祀你的亲生父母。至于谥号，你的父亲可以用'悼'，你的母亲就是悼后。你的爷爷，前皇太子，谥号应该是'戾'，他的夫人史良娣就是戾夫人。至于改葬，那没有问题。"

按照取谥号的规矩，"戾"有两个意思，一个是"值得同情"，另一个是"不肯悔改过错"。戾太子刘据好像两个都占了，很难说官员们内心实际更倾向于哪个意思。汉宣帝在这件事情上没有完全实现自己的愿望，爷爷固然有了谥号，但却是一个语义暧昧的谥号。

紧接着，在太爷爷汉武帝的功过评价上，他又碰上了硬骨头大臣。汉宣帝本始二年（公元前72年）五月，他下了一道诏书："孝武皇帝仁义厚德、军功威武，立下了丰功伟绩，但是他的祠庙规模和礼乐规格都不够，我一想起来就难受，你们讨论一下吧。"

这是什么意思呢？按照古代规矩，宗庙里摆放已故皇帝们的牌位，最外面是刚刚去世的皇帝，最里面是开国皇帝，皇帝如果没有重大的罪过，一般是可以进入宗庙的。在西汉所有皇帝中，开国的汉高祖刘邦和太宗文帝刘恒是享受这种待遇的，他们的神主摆在各自独立的宗庙里，其余惠帝、景帝、武帝、昭帝都是在同一个宗庙里。汉宣帝的意思是：汉武帝功劳太大，这样和别的皇帝放在一起，似乎是埋没了，应该把他的神主请出来，单盖一座庙。

陛下说得对，就应该提高孝武皇帝的祠庙和礼乐待遇。

我反对！

　　大臣们公开讨论，热火朝天，别人都说陛下说得对，就应该提高孝武皇帝的祠庙和礼乐待遇，唯独少府夏侯胜，一个打理皇帝小金库的官员，发出了不一样的声音："孝武皇帝虽然有开疆拓土的功绩，但是也杀伤了很多军民，压榨干净了人民的财富，过着极端奢侈的生活，导致经济衰败，百姓流离失所，损失一半人口，天灾频繁发生，上千里地发生饥荒，甚至出现了人吃人的惨状，府库到现在也没有重新充实，说起来对老百姓真的没有什么好处，不应该给他专门立宗庙，让他享受礼乐。"

　　大臣们驳不倒夏侯胜，就拿皇帝压他："这是陛下的意思，你能怎么着？"夏侯胜说："我知道这是皇帝陛下的诏书，但这个诏书不能服从、不能执行啊。大臣们的职责，就是说实话、说良心话、说有水平的话，怎么能一味地顺着皇帝呢？皇帝对了要服从，错了就要反对啊。你们怎么办我不管，我自己说出来的话，我绝不反悔！"

> "诏书不可用也。人臣之谊，宜直言正论，非苟阿意顺
> 指。议已出口，虽死不悔！"
>                              ——《汉书·夏侯胜传》

　　这样一来，丞相和御史大夫就联名弹劾夏侯胜，说他非议诏书，诽谤先帝，大逆不道；同时指控丞相长史黄霸怂恿夏侯胜这样做，明明知道夏侯胜有罪，还不举报弹劾，所以连黄霸一起抓起来关进监狱。他俩被逮捕了，其他人本来就没意见，所以朝廷就单独给汉武帝修建了世宗庙，准备了祭祀时用的音乐和舞蹈；给汉武帝的音乐，也是独立的，不同于其他皇帝共用的音乐；另外，凡是汉武帝巡游天下时去过的地方，也都盖上了这种祠庙。

　　通过这件事，汉宣帝达到了两个目的，第一是试探一下群臣对自己的态度，第二就是他通过抬高汉武帝地位的方式，来告诉群臣，功劳是先帝的，做臣子的不要骄傲、不要放纵，不要觉得自己有多厉害，其实是暗示：霍光是武帝的臣子，听武帝指挥，别以为自己无上伟大。

　　夏侯胜和黄霸下狱后，迟迟不判决，他俩一直在监狱里待着，夏侯胜是汉代著名的学问家，黄霸就想跟着他学经典著作《尚书》。夏侯胜说："你我是死罪，命都快没了，还学什么《尚书》！"黄霸说："孔夫子在《论语》里说过'朝闻道，夕死可矣'。早晨得到了真理，晚上就死了，这也挺好啊。"夏侯胜一听，觉得黄霸说得很有道理，而且显然他是一个很有学问根基的人，就开始在监狱里给他讲课。

　　他们被关了一年多，天天一起学习。这是历史上很有名的故事，告诉我们，一个人是有义务学习求知的，是应该不断突破自己求取进步的，无论条件

多么恶劣，只要有一丁点学习的可能，就要努力学习，这是我们人类区别于动物的重要特征，也是真正的精英区别于凡夫俗子的重要特征。

他们俩于本始二年（公元前72年）五月入狱，一直没被杀，也没被释放，说不清汉宣帝到底是怎么想的。两年后，发生了地震，造成严重财产损失，6000多人死亡，汉高祖刘邦和汉文帝刘恒的祠庙都被震坏了。古代人不认为这是地壳运动的结果，也根本没有地壳这个概念，他们觉得这是人间的政治出了问题，导致老天爷发火了，震怒了！于是汉宣帝大赦天下，吃素食，同时释放了夏侯胜和黄霸，任命夏侯胜为谏议大夫，黄霸为扬州刺史，这场风波就这么过去了。

夏侯胜这个人，做人正直朴素，不去摆官员的架子，平时也不拘小节。那

时候一般人相互称呼，可以说"君如何如何"，就像我们今天说"你怎样怎样"，但是这个称号是不能用在皇帝身上的。夏侯胜不注意，有时候一开口就是"你你你"的，汉宣帝也不在乎。那时候又规定，在皇帝面前说话，大臣相互间要称呼职务，不能直呼其名，夏侯胜也总是做不到，汉宣帝也不计较。夏侯胜学问好，做了太子的老师，活到90岁去世，去世的时候，太后给家属赏赐了200万钱，还为他穿了5天的孝服，替儿子答谢师恩。

这件事，当时的儒家知识分子引以为荣。其实大家仔细看就能发现，夏侯胜和黄霸带着严重罪名入狱，最后却无罪释放，其实是汉宣帝和群臣在暗暗较劲。群臣提出他们俩该死，汉宣帝却并不批准，一直耗着。汉宣帝当然不喜欢这俩人和自己顶着，但喜欢这俩人不和其他人异口同声，这就说明他俩不是霍光集团的人。这样的人，汉宣帝当然要留着，以后重用。等到出现天灾，汉宣帝顺理成章地把他们释放出来，按理说，放回家就可以了，但却立刻提拔，这就是汉宣帝在慢慢地收拢有用之才，把那些忠于朝廷而非忠于霍光的人，都保护起来，最后利用起来。西汉朝堂和宫廷，暗流涌动，水深莫测。

## 国**学**小课堂

古代皇权交接制度决定了有些皇帝可能有两个"父亲"，一个是亲生父亲，另一个是法理上的父亲，这在当代人听来有点奇怪，但古代就是这样的。当一个皇帝去世时，没有亲生儿子，只能让养子或其他王室子弟即位时，就会出现这种现象。有些新皇帝感到别扭，会试图在宗庙里祭祀自己的生身父亲，而一些坚持法理的官员会很强硬地阻拦，有时候就会导致严重的对抗甚至杀戮。

# 13

# 霍光从此坠深渊

汉宣帝刚即位时，朝中大权实际掌握在霍光手中。霍光是个很了不起的政治家，具有过人的政治才干。汉武帝去世后，他辅佐汉昭帝，收拾汉武帝留下的烂摊子，重新实行休养生息政策，把已经滑入下行轨道的汉帝国重新拉起来。但是他有一个作为最高级官员非常严重的问题，那就是他管不好他的家人，尤其管不好他的夫人。

霍光的夫人，历史书上只记载了她的名字，没有记载她的姓氏，所以我们只知道她叫显。按照妇从夫姓的原则，史书也叫她霍显。霍显特别疼爱她和霍光的小女儿霍成君，想让她得到最尊贵的地位，就是当皇后，母仪天下。可是汉宣帝的皇后是他在民间时娶的许广汉的女儿许平君，两人感情很好。汉宣帝根本就没有换皇后的意思，那么霍成君也就没有希望。

汉宣帝本始三年（公元前71年）春天，许皇后即将分娩，身体不舒服，有个叫淳于衍的宫廷女医生接到任务，要进宫去侍奉许皇后。淳于衍的丈夫是守卫宫门的小官，一心想要谋个更远大的前程。他知道老婆和霍家关系不错，就对她说："你既然要进宫去，可以路过霍家，去跟霍夫人告别，顺便帮我求求她，看能不能帮我调一下岗位，我想去做安池监。"

安池是宫里的一个人工湖，安池监负责管理这个湖，估计和看守宫门相比，

我一定会让你当皇后，母仪天下。

工资差不多，但更清闲一些，责任小一些。淳于衍见了霍显，就说了这件事："拜托夫人帮忙，为我丈夫调岗，感激不尽。"霍显本来就一直在琢磨怎样才能让自己的女儿进入后宫，替代许皇后，现在一看，灵机一动，觉得机会来了。

霍显把身边人打发走，悄悄对淳于衍说："你有事求我，我也有事求你，行吗？"淳于衍说："夫人你想办的事，哪有办不成的，你只管说。"霍显说："我家大将军一直很疼爱小女儿成君，想让她获得无比尊贵的身份，我希望你能受累帮助他实现这个愿望。"淳于衍说："什么意思？请夫人明示。"霍显说："女人生孩子，是大事，很危险。现在皇后要分娩了，本身就有死亡的危险，如果给她下毒，把她毒死，用分娩作为掩护，别人也不会怀疑。她死了，我的女儿成君就会做皇后。如果你做成这件事，就是我们霍家的大功臣，事成之后，便有享不尽的荣华富贵。"淳于衍说："给皇后吃的药，是好几个医生会诊，然后一起制作的，我哪有机会下手啊！"霍显说："话虽如此，主要看你怎么办这件事。你若真想办，总是有机会的。更何况，大将军统领天下，就算有嫌疑，谁敢说什么！万一有纰漏，我们会保护你，就怕你没这个意思。"淳于衍想了很久，答应帮忙下毒，去毒害许皇后。

> 显曰："妇人免乳大故，十死一生。今皇后当免身，可因投毒药去也，成君即得为皇后矣。如蒙力事成，富贵与少夫共之。"衍曰："药杂治，当先尝，安宁？"显曰："在少夫为之耳，将军领天下，谁敢言者？缓急相护，但恐少夫无意耳！"衍良久曰："愿尽力。"——《汉书·外戚传》

设身处地想一想，淳于衍其实没有选择的余地。她已经知道了霍显的阴谋，就算不答应，人家也会找机会杀她灭口。即使她出门就去告发，可是没有证据，谁会信她呢？空口无凭，汉宣帝也不会为了保护她，就过早地和霍家翻脸，她同样是得罪霍家，还是死路一条。如果答应霍家，未来事情败露，死路一条；事情不败露，霍家也可能杀她灭口。但相比之下，未来可能会死总比立刻就死强，没准帮了霍家，霍家决定不杀她呢。

所以，人总是做出对自己最有利的选择。从道义角度讲，淳于衍有两种正确选择：第一种是不但不答应霍显，还要出门去告发她，就算粉身碎骨，也不和她同流合污；第二种是明确告诉霍显，我不会帮你下毒，但我也不会去告发你。淳于衍之所以答应霍显，固然有保住性命的考量，但也是贪图事成之后的好处。

一旦心里有了魔鬼，就会被魔鬼利用，成为魔鬼的奴隶。淳于衍把一种叫附子的毒药捣碎了，和其他药一起，带进许皇后居住的长定宫。许皇后生完孩子后，身体虚弱，要吃药，淳于衍就把捣碎的附子和其他药混在一起，做成汤药，让许皇后喝下去。过了一会儿，许皇后说："我昏昏沉沉的，很难受，是不是药里有毒啊？"淳于衍说："哪会有毒啊，你好好休息一下就好了。"但

我家大将军一直很疼爱小女儿成君，想让她获得无比尊贵的身份，我希望你能受累帮助他实现这个愿望。

什么意思？请夫人明示。

女人生孩子，是大事，很危险。

是许皇后越来越难受，头昏脑涨，烦躁不安，很快就死了。

就像霍显说的那样，古代医疗水平低，产妇因为生孩子难产、大出血、产褥热等各种问题，死亡率很高。现在许皇后死了，人们都以为是生孩子导致的。宫里乱糟糟的，淳于衍出宫回家去，路过霍光家，跟霍显说了情况，霍显千恩万谢，但是不敢立刻就重重地赏赐淳于衍，担心做得太明显，被人注意到。

过了一段时间，有人上书给汉宣帝，怀疑所有侍奉许皇后的医生都有问

题，建议把相关人员抓起来，投入监狱，彻底调查这件事。这要是问到淳于衍，一顿严刑拷打，她招架不住，把霍显供出来，那不就全完了吗？霍显情急之下，只好向丈夫霍光坦白了全部过程。

霍显做这件事，是瞒着霍光的，现在危险来临，只好求助于霍光。对于霍光来说，他也有两个选择：一个是把妻子绑起来带进宫里，向汉宣帝自首，并承担因此产生的一切后果；另一个是和妻子一起，想办法把事情压下来。霍光怎么选呢？他选择了后一种。听霍显说完以后，他大吃一惊，顿时就陷入极端矛盾之中。他也想过自己去告发妻子，但又不忍心。霍光犹豫彷徨，拿不定主意。

霍显说："既然我出了昏着儿，事情到了这一步，那就赶紧想办法挽救，千万别让办案的人把淳于衍抓去了。"

霍光左思右想，觉得举报妻子，自己的政治生涯也就结束了，苦心经营一辈子的政治资产也都打了水漂儿，最后的结果，不知道会坏到什么程度。经过一番考量之后，私心压过了忠诚，权力欲望战胜了良心道义，他决心和夫人站在一条船上，把坏事做到底。

从这一刻起，过去那个忠诚、干练、令人尊敬的大臣，大英雄霍去病的弟弟霍光，就已经死了。留下来的，是一个为了个人和小集团利益，不惜犯罪，不惜伤天害

理，腐朽透顶的老官僚霍光。

按照当时的安排，重大事务都要先报告给霍光，然后报告给皇帝。相关官员把材料递上来的时候，霍光把淳于衍的名字画掉了，这样皇帝看到的文本里，根本就没有这个人，而下面办案时，也就不会去逮捕淳于衍。

眼看这个危机要过去了，霍显马上就跟霍光提出："既然许皇后去世了，那是不是我们的女儿就可以做皇后了呢？"这中间自然有一番运作。等许皇后的丧事办完了，有大臣上奏："国中不可一日无主，宫中不可一日无后，应该选一个贤良端庄的妃子继任皇后，最佳人选就是大将军霍光的女儿霍成君。"

许皇后去世一年后，宣帝本始四年（公元前70年）春，霍光的女儿霍成君被册立为皇后。史书说，当初许皇后从民间来，在位时生活节俭，服装车马都不追求奢华，够用就好。等到霍光的女儿当了皇后，这些行头都立刻变样，非常讲究，非常奢华，赏赐给身边人的钱也多得吓人，和许皇后那时候的风格完全不一样。这样的变化，汉宣帝会怎么看呢？

## 国学小课堂

淳于衍害死许皇后所用的附子是一味中药，含有乌头碱，服用不当，或者剂量过大，或者和某些草药混用，会引发中毒，三钱左右就可引起严重后果。症状是口唇、肢体发麻，恶心，呕吐，心慌，气促，烦躁不安，甚至昏迷，间或抽搐，严重者心跳、呼吸暂停。如果知道是附子引起中毒，及时抢救，还能救活，但在许皇后这个案例里，其他医生首先不知道药里有附子，其次误以为许皇后患的是其他常见的产妇病症，所以耽误了抢救时间。而且淳于衍知道事后一定会有人查药罐，所以把附子捣成粉末，这就增加了侦查鉴别的难度。

# 14

# 欲擒故纵天子心

　　霍光的夫人买通宫中女医生，下毒害死了汉宣帝的结发妻子许皇后，霍光包庇夫人和凶手，把这件事压了下来，之后他的女儿霍成君成为皇后。

　　这件事，汉宣帝毫不知情吗？不是！他其实是听到一点风声的，也有人偷偷告诉过他，说女医生淳于衍有重大嫌疑，但是霍光居然不让人追查她，所以霍家很可能是这个下毒事件的幕后黑手。更何况，从刑事案件常识来判断，凶手往往就是受益者，而霍光一家恰恰是许皇后去世后的最大受益者，霍光的女儿因此成为国母。

　　汉宣帝不动声色，他觉得既然霍光包庇了凶手，如果把事情揭穿，就等于和霍光决裂，目前他还不想这样做。一方面，霍光功劳太大，下毒事件也未必就是他的主意；另一方面，霍光势力太大，他的人占据了朝中和军中很多重要岗位，如果此时翻脸，可能会出大乱子，所以他什么也不做，娶了霍光的女儿当皇后，大家一团和气。

　　霍成君当皇后是宣帝本始四年（公元前70年），两年后，汉宣帝地节二年（公元前68年），霍光去世。临终前，汉宣帝去看望，哭得很伤心。霍光借着这个机会，向汉宣帝提出一个请求，希望把自己封地中的三千户拿出来，分给他的侄孙霍山。霍山是霍去病的孙子，霍光觉得自己的一切都是哥哥霍去病给

的，希望用这种方式来报答。

霍光感恩霍去病，这个没问题，可是身为大将军，朝中一品大员，官员领袖，临终前不说国家大事，却给自己家里人伸手要待遇，这个格局就太小了。汉宣帝还像过去一样，有求必应。霍光去世当天，汉宣帝就提拔霍光的儿子霍禹做了右将军，也是军中很高的职位。给霍光的葬礼和陵墓规格，都和皇帝一

女医生淳于衍有重大嫌疑，但是霍光居然不让人追查她，所以霍家很可能是这个下毒事件的幕后黑手。

样。之后，汉宣帝又提拔霍光的侄孙霍山，给他封了侯爵。

这时候，有个叫魏相的官员，通过许皇后的父亲许广汉，给汉宣帝上书，批评汉宣帝不应该给霍家太大的权势，认为这样会损伤皇帝的权威。魏相认为如果要保全霍家，最好的办法就是削弱他们的权力，让他们没有机会犯错犯罪，可以平安无事。汉宣帝什么反应呢？"善之！"非常欣赏，完全同意！

大家注意，汉宣帝一方面提拔霍家的人，另一方面又支持那些反对这样做的人，这不是他人格分裂，而是他内心愿意削弱霍家权力，但表面上要加大霍家权力，实际上就是要霍家人犯更多错误，最后名正言顺地收拾他们，这就是权力斗争的可怕之处。

霍光死后，汉宣帝开始亲政，他非常勤劳刻苦，下决心整顿政治，抓经济建设，每隔5天就要和大臣们开一次会，会上各个部门汇报自己的工作，大家一起商量，汉宣帝做决定。朝中大臣中做得好的，赏赐起来毫不吝啬，各种待遇可以留给子孙；但是做得差的，惩戒起来也毫不手软。这样一来，朝中各个部门的官员都尽职尽责，不敢偷懒，政治秩序就良性化了。

汉宣帝的一大特点，是特别重视地方官的人选，郡太守和国相的人选，他都要亲自面试，亲自送行，对他们的政绩考核也是他亲自主持。他认为老百姓安居乐业的前提是地方官治理有方、司法公正。同时他认为地方官不能过于频繁地换人，干得好的就应该一直干下去。可是一直待在这个岗位，不提拔到朝廷，好像也不合适，于是他就用增加待遇来弥补这些人，给他们提高级别，赐予侯爵，赏赐黄金。总之，优秀的人在地方官岗位上，既能干事业，也能有实惠，于是涌现出了一批善于地方治理的好官。"是以汉世良吏，于是为盛，称中兴焉。"汉朝的好官员，这个时候最多，有王朝中兴的气象了。

　　大家注意，汉宣帝抓地方官员队伍建设，一方面，是他认为这些人很重要；另一方面，也是用这种办法培养自己的力量，把霍光集团的人慢慢地孤立。宣帝地节三年（公元前67年），汉宣帝宣布皇子刘奭为太子。刘奭的母亲就是许皇后，她刚生下刘奭就被淳于衍下毒害死了，所以刘奭没有见过自己的母亲，从小被奶妈、保姆养护着。

　　汉宣帝册立刘奭为太子，就是一个重大的信号：虽然霍光的女儿霍成君现在是皇后，但就算她给宣帝生个儿子，也不会是太子了，霍皇后的权威其实是不完整的。汉宣帝就用这种姿态，表明了他对霍家的不信任。果然，霍显听到刘奭成为太子，气得连饭都吃不下去，还吐血了，她说："这个刘奭是皇帝在民间时有的，出身低贱，他怎么能当太子呢？他当了太子，将来是皇帝，我女儿是皇后，生的儿子反倒只是个王？"

　　霍显恼羞成怒，居然故技重施，教唆女儿给太子刘奭下毒。霍皇后为了自

己的地位，也就听了母亲的话，真的去给太子下毒。但是太子的母亲此前死于非命，太子身边的人非常警惕，每次皇后叫太子去吃饭，赏赐食物，这些奶妈、保姆就先把所有食物都尝一遍，皇后没法下手。这就是白雪公主故事的东方版本，只不过邪恶的皇后要陷害的是白雪王子罢了。

> 后一岁，上立许后男为太子，昌成君者为平恩侯。显怒恚不食，呕血，曰："此乃民间时子，安得立？即后有子，反为王邪！"复教皇后令毒太子。皇后数召太子赐食，保阿辄先尝之，后挟毒不得行。
> ——《汉书·外戚传》

原来霍光掌权，汉宣帝没有亲政的时候，就算有人对霍光一家不满，也不敢有所动作。现在皇帝亲政了，事情他自己说了算，而且大家要注意到：霍家子弟，虽然级别很高，待遇丰厚，但真正关键的几个岗位，尤其是皇帝身边的岗位，都提拔了别人。也就是说，汉宣帝日常交代重要的事情，霍家人都不知道。大家就逐渐意识到：皇帝不信任霍家。这样一来，有人就敢说话了。

地节三年（公元前67年）六月，首都长安下了很大的冰雹，有个叫萧望之的官员上书说："出现这种六月下冰雹的反常天气，是因为有些权贵，一家人掌握了太大的权力。"汉宣帝本来就听说过萧望之的名气，现在觉得他说到了自己心坎儿里，就提拔了他，让他到自己身边做事。汉宣帝不断培植心腹大臣时，霍光的儿孙们在干什么呢？他们根本没有霍光的政治才干，看不清形势，正在花天酒地呢。生活奢侈腐化是一方面，不好好上班是另一方面。霍禹、霍山的心思，都在房地产上，整天就琢磨着到哪儿去圈地盖豪宅。而霍云呢，到

了自己该去朝里值班的时候就请假，说自己有病，其实是溜出去打猎。霍光的妻子霍显，仗着自己的女儿是皇后，住在皇太后才能住的宫殿长信宫里，根本不把朝廷禁令放在眼里。

所有这些，汉宣帝都看在眼里，不动声色，他在等合适的机会。其实他在民间的时候，就已经听到霍家地位尊贵，权势很大的说法，那时候他心里就很不满意。等到他亲政以后，就让御史大夫魏相做了给事中，也就是他身边的秘书长。霍显听到这个消息，对霍禹、霍山、霍云这些子弟说："你们这些人，继承大将军的待遇，政治条件很好。可现在御史大夫做了给事中，他要是找机会在皇帝面前说你们的坏话，你们还能自救吗？"这些人沉迷在奢华的生活中，哪里听得进去霍显的话。

事实上，他们成事不足，败事有余。有一天，霍家的奴仆走在路上，和御史大夫魏相的奴仆打架了，霍家的奴仆气势汹汹地冲进魏相家院子，要一脚踢开他家的房门。魏相一个堂堂御史大夫，皇帝的秘书，居然要跪下来请求，才能把这帮凶神请走。有人把这件事告诉了霍显等人，他们才真正觉得有问题了，因为这样明目张胆地欺负朝中大臣，未免太过分了，会激起公愤，也等于直接冒犯了皇帝。

汉宣帝看到霍家如此嚣张，决定对他们下手。他先是把霍光的几个女婿和孙女婿从宫里调出去，让他们离开宫廷警卫部队，去地方上当官。然后降低了霍光儿子霍禹的待遇，虽然他还是大司马，但同时任命张安世为大司马，级别比霍禹高，而且实际上掌握兵权。经过这样一番运作，霍家人手里不再掌握军队，兵权都转移到了汉宣帝外祖母和岳父家人手里了。这样一来，霍家人虽然还都是官员，但已经没有此前的政治能量了。

国学小课堂

曹字在古代有"们""辈""等"的意思，经常在口语中和"我""吾""尔"等人称代词连用，"我曹"就是"我们""我等""我辈"的意思；"尔曹"就是"你们""你等""你辈"的意思。曹字的这种用法似乎不和第三人称连用，熊大叔没见过"彼曹"。但是学术上"说有易，说无难"，熊大叔不敢断言不存在这种用法。

# 15

# 霍家满门无活口

汉宣帝沉住气，慢慢地培养自己的力量，霍光一去世，立刻动手清除霍家势力，剥夺他们手里的兵权，把他们的人从各个要害岗位上驱逐。这之后发生的事情，坦率地说，熊大叔是不敢断定真假的，只能根据史书提供的各种信息做出推测。

史书说汉宣帝清除了霍家人的权力后，开始大刀阔斧地封赏已故许皇后的家里人，他们迅速填补了霍家人被驱逐后出现的空缺。这种情况下，霍家人越发感到不安。按照《汉书》的记载，霍光的妻子霍显和霍禹、霍山、霍云看到自己越来越没有权力，乱了方寸，聚会时甚至会哭起来。

有一次，霍山说："现在掌握权力的是丞相魏相，皇帝非常信任他。他把大将军在世时的政策都给改了，这就等于宣告大将军错了。而且现在提拔了很多出身贫寒的儒生，这些穷小子不守规矩，就知道胡说八道，议论朝廷政治，大将军在世的时候就很讨厌他们这样。可是现在，皇帝自己从民间来，就喜欢重用这些人。他们每个人都给皇帝上书，经常议论我们霍家，说我们骄奢淫逸、骄横跋扈，有些话说得特别过分，我经常把奏章压下来，不交给皇帝。可是这些人越来越狡猾，知道我可能会扣住，他们就绕过我，直接请中书令出来拿，拿到了直接交给皇帝，根本不经过尚书这一环节，说明皇帝越发不信任我们了。最近我还听到他们传播谣言，说我们霍家人毒死了许皇后，太可笑、太恶毒了，怎么会有这样的事呢？"

霍显急了，觉得事情到了这一步，不说也不行了，就把自己买通淳于衍给许皇后下毒的事情原原本本地说了。霍禹、霍山和霍云都大吃一惊："既然这样，你为什么不早说呢？皇帝把我们这些人，还有我们家的女婿们都赶出宫廷，一定是因为这个。这是很大的罪过，皇帝不会放过我们的，怎么办呢？"

史书说，他们从此就开始想办法逃过罪责，有点谋反的意思了。霍云的舅舅李竟有个好朋友叫张赦，他看到霍云一家惶惶不可终日，就出了个主意，他对李竟说："现在掌握权力的是丞相魏相和皇帝的岳父平恩侯许伯，可以让太夫人去找上官皇太后，借助皇太后的权力，先杀了魏相和许伯，然后废了皇帝。"

张赦说的上官皇太后，是已故汉昭帝的皇后，她是霍光的外孙女。张赦认为太后因此会帮忙。霍显有没有去找上官皇太后，史书没有交代，但蹊跷的是，忽然冒出一个叫张章的长安男子，举报了这件事，结果廷尉和执金吾逮捕

了张赦和李竟。案件正在调查，汉宣帝下了诏书："不要逮捕了，放人。"这下霍云等人更加害怕了，他们认为皇帝不追究，是因为牵连到了皇太后，不等于宽恕他们，事后还是要清算的，而且会更狠，估计他们会被灭族。既如此，他们不如先下手为强。于是，就让霍家嫁出去的女孩子都去告诉自己的丈夫，做好应对突发状况的准备，躲也躲不过去，既然享受了霍家的好处，有福同享了，现在就要有难同当。

都去告诉你们的丈夫，做好应对突发状况的准备，躲也躲不过去，既然享受了霍家的好处，有福同享了，现在就要有难同当。

　　恰好这时候霍云的舅舅李竟摊上了一场官司，朝廷指控他和诸侯王私通往来，涉嫌谋反，逮捕审讯他，估计也上了手段，结果李竟把霍家的一些隐私说出去了，包括霍山和霍云的密谋。汉宣帝下诏：霍山和霍云不适合继续在宫里任职，免除职务，打发回家。

　　这时候，山阳太守张敞上书给汉宣帝，表达了一层意思："已故大将军霍光，做辅政大臣20年，先后辅佐孝昭皇帝和陛下，那时候就应该有人站出来反对这种模式，让皇帝亲政。霍光要归政，陛下没接受，朝堂之上也没人站出来说。大将军劳苦功高，现在家里人出了问题，天下人不明真相，看到陛下忽然把霍山、霍云两个侯爵赶出宫廷，都不知道是怎么回事，就会胡乱猜测，大司马霍禹和他的亲朋好友都很害怕。我认为就应该在朝堂上公开说明原因，只不过我是个小小地方官，没有机会这样做，希望陛下能考虑我的建议。"

　　史书说，汉宣帝很欣赏张敞的建议，但却不调他来长安，具体原因，熊大叔稍后会分析。宣帝地节四年（公元前66年），霍山情急之下，想出了一个主意，他说："丞相魏相擅自减少了宗庙祭祀的祭品，可以将这个作为他的罪名，让上官皇太后设宴招待皇帝的外祖母，把丞相魏相和平恩侯许伯找来，让霍光的女婿范明友和邓广汉借太后旨意杀了这两个人，然后废掉皇帝，扶持霍禹称帝。"

　　他们商量好了，还没动手，霍云被调到玄菟郡，也就是今天中国辽宁东部东至朝鲜咸镜南道和咸镜北道一带，到那里去当太守，这就打乱了霍家的部署。不久事情败露，宣帝地节四年（公元前66年）七月，霍云、霍山和范明友自杀；霍显、霍禹和邓广汉被逮捕；霍禹被判处死刑，用腰斩的办法处死；霍显和霍家的儿孙，无论男女，全都砍头；牵连被杀的贵族和官员，有好几十家；皇后霍成君被废，打入冷宫。又过了12年，霍皇后被搬到云林馆，待遇更

差，她万念俱灰，自杀了。

西汉大功臣霍光和大英雄霍去病的后裔，都被汉宣帝杀光了。现在回头看整个事件，霍显下毒毒死许皇后，可能是真的。但汉宣帝处置这件事的办法，有点奇怪。按理说，霍显是幕后主谋，淳于衍是直接的凶手，霍光是包庇罪犯。假如汉宣帝只是想查明这个案子，给皇后报仇，那么他完全可以直接逮捕处决霍显，并按照包庇罪来处置霍光，但是他没有。如果说霍光在世时，他不忍心下手，那么霍光死后，大可以按照谋杀罪来处置霍显，这样谁犯罪谁受惩罚，公平公道，不牵连其他人。可汉宣帝是怎么做的呢？他不去碰霍显，也不去追究霍家人的其他罪过，而是不动声色地架空他们，剥夺他们的权力，这样一来，很显然，他的目标就不只是追查罪犯，而是要清除霍光的全部势力和影响力。

说霍家有谋反的计划，这个也许成立，但是大家注意：总是在特别合适的时候有人举报，而且霍家几个核心的人在密室里偷偷说的话，毫无关联的长安男子能知道，这也太蹊跷了。霍家被杀光以后，汉宣帝赏赐了举报人，史书列出了他们的名字，除了那个长安男子张章以外，其余的人身份都很微妙，有丞相杨敞的儿子杨恽（他也是司马迁的外孙）、守卫汉宣帝宫门的官员董忠、侍中金安上，以及汉宣帝奶奶的侄子，汉宣帝的舅舅史高。这些人，都是汉宣帝的心腹，霍家的对头，他们的举报，未免可疑。

乙丑，诏封告霍氏反谋者男子张章、期门董忠、左曹杨恽、侍中金安上、史高皆为列侯。恽，丞相敞子；安上，车骑将军日磾弟子；高，史良娣兄子也。　——《资治通鉴》卷第二十五

实际上，老百姓的眼睛是雪亮的。汉宣帝即位之初，大将军霍光陪着他，坐着同一辆车子去参拜刘邦的祠庙。那时霍光权倾朝野，本人也严肃端庄，汉宣帝浑身不自在，如同芒刺在背。可是后来和车骑将军张安世一起坐车，他就很舒坦。霍光死后，全家被杀光，当时民间就流传一个说法：霍家的灾祸，在霍光陪着汉宣帝坐车时就埋下了。

写《汉书》的班固，站在汉王朝立场上批评霍光，说他不学无术，不懂大

道理，贪恋权力，包庇犯罪的妻子，有点咎由自取的意思。司马光说得更公正，他说霍光的主要问题，是明明知道汉宣帝年龄和能力都足以掌握朝政，却迟迟不肯交出权力，所以招致汉宣帝记恨。霍光一家也有很多不法行为，但毕竟从霍去病到霍光，功劳摆在那里，皇帝大可以给他们好处，然后严厉管教他们，最后实际上是保全了功臣。司马光认为汉宣帝蓄意放纵霍家，故意积累他们的罪过，最后一网打尽，让霍光没有留下一个后裔，汉宣帝也太绝情绝义、刻薄寡恩了。霍光一家所有的罪都可以赦免，唯独他们权力太大，让皇帝不安，这才是不可饶恕的罪过，皇帝的报复和清算，是残酷冷血的。

## 国学小课堂

霍山曰："今丞相用事，县官信之……"这里的"县官"，不是县太爷的意思，而是指皇帝。古代内廷和外廷官员对皇帝的称呼，有"县官""天家""官家""大家""主上""圣人""宅家"，未必总是恭恭敬敬地背后也叫"陛下""万岁""皇上"。传说乾隆突然造访纪晓岚的办公室，大夏天纪晓岚光着膀子，来不及穿朝服，又不能这样不敬，于是钻到桌子底下。乾隆知道他在那里，故意待着不走。过了一会儿，纪晓岚问："老头子走了没？"乾隆要他解释"老头子"是什么意思，否则严惩不贷。纪晓岚解释为："万岁为老，元首为头，天子为子。"乾隆龙颜大悦，放过纪晓岚。故事真假不知，但古代大臣们背地里叫皇帝"老头子"，还是有可能的。

# 16

# 匈奴走上下坡路

汉宣帝清洗霍光家族，这也是汉朝权力重新分配的一个大动作。虽然汉宣帝在这个过程中显得残酷无情，但从加强中央集权的角度讲，这是必要的，因为如果霍光集团继续壮大，势必会失去控制。对于刘家来说，失去皇权也就意味着失去一切。

汉宣帝这样有作为的君主，掌握权力后，对内对外都是要有所建树的。从汉武帝去世到汉宣帝即位，汉朝和匈奴之间没有大规模的战争，汉武帝时期确定的战略路线，开始发挥作用，这也算是前人栽树，后人乘凉。汉武帝时期，一个重要的外交动作，就是联合河西走廊的乌孙来对付匈奴。为此，汉武帝把一个诸侯王的女儿嫁给乌孙国王，这个诸侯王的女儿就是细君公主。

细君公主是江都王刘建的女儿，名字就叫刘细君，她嫁给了乌孙国王猎骄靡。她在南方出生长大，到了乌孙语言不通，难以适应，思念故乡，于是作《悲愁歌》：

> 吾家嫁我兮天一方，远托异国兮乌孙王。穹庐为室兮旃为墙，以肉为食兮酪为浆。居常土思兮心内伤，愿为黄鹄兮归故乡。
>
> ——《悲愁歌》

意思是："我家把我嫁到了天涯一方，托付给异国国君乌孙王。这里的屋子是帐篷，墙是毛毡，天天吃肉、喝马奶。我日日思念故乡，内心忧伤，真想变成一只天鹅飞往故乡。"

后来猎骄靡去世，按照乌孙国的风俗，她要嫁给猎骄靡的儿子军须靡，这严重挑战了汉族人的伦理底线，细君公主不能接受，特意上书给汉武帝，希望汉武帝能干涉。结果汉武帝回信，要她入乡随俗。细君与军须靡成婚后，生了一个女儿，她一直郁郁寡欢，不久就病逝了。

战略路线

汉朝又把楚王刘戊的孙女刘解忧嫁给军须靡，这就是解忧公主。解忧公主和细君公主不一样，她生性泼辣，很适应乌孙的环境，也理解国家联合乌孙打击匈奴的战略。汉宣帝本始二年（公元前72年），汉朝接到解忧公主的求救信，得知匈奴即将联合西域的车师国，一起侵略乌孙。

这之前，匈奴已经好几次袭扰汉朝边疆，西汉本来就想教训他们，于是决定出动大军讨伐匈奴。那时候霍光还在世，他派遣五路人马，共17万人，分头出塞，计划每路深入2000里，这就形成了一个从东到西的扫荡态势。同时任命曾经和苏武一起出使西域的常惠为校尉，带着皇帝节杖，去联合乌孙，一起夹攻匈奴。

这五路大军共17万人，战果怎么样呢？他们杀死和俘虏的匈奴人加起来，总共不到4000人，最少的一路，只杀伤了19人。为什么会这样呢？因为匈奴人听说汉朝大军出动，一哄而散，四面奔逃，带着牲口远远地躲到北方去了。

常惠和乌孙那一路，却是战果丰硕。乌孙国王亲自带着5万骑兵从西方杀入匈奴草原，俘虏了单于的叔叔伯伯、单于的嫂子、单于的女儿，以及若干将领，俘虏4万多人，缴获牛、羊、马、骆驼70多万头。匈奴经过这次打击，更加衰落了。

到了冬天，匈奴单于向乌孙发起报复性作战，带着几万骑兵打过去，俘虏了一些老弱病残，正打算撤回去时，遭遇暴雪天气，史书记载，降雪量一天之内就有两米多厚，匈奴部队和他们俘虏的人大部分被冻死，回去的人不到1/10。趁这个机会，丁零族从北方入侵，乌桓族从东边入侵，乌孙从西边入侵，三路人马杀死了匈奴好几万人，匈奴人口损失了两三成，牲畜损失四五成，所有原先怕匈奴、依附匈奴的小国全都背叛了匈奴，乘机进攻匈奴，能捞就捞，能抢就抢。

这之后，汉朝趁热打铁，派了3000多名精锐骑兵进入匈奴境内，抓回来1000多个俘虏。即使是这样一支只有3000多人的部队，匈奴人也不敢迎战，整个军心士气都瓦解了，没有丝毫斗志。这样一来，匈奴内部主张和亲的声音就成为主流，汉朝和匈奴边境因此安宁了。

汉宣帝地节二年（公元前68年），匈奴的壶衍鞮单于去世，他的弟弟左贤王即位，号称虚闾权渠单于。他把右大将军的女儿册立为大阏氏，相当于汉朝的皇后，正宫娘娘，这就出了点问题。前任单于喜欢的是专渠阏氏，按照匈奴习俗，前一个单于的妻子要嫁给后一个单于，专渠嫁了过来，本以为还能继续得宠，不料地位下降，没当上大阏氏，她很不开心。她的父亲，左大且渠更不开心，想搞点破坏，发泄内心的不满。

这时候西汉朝廷看到匈奴已经没有能力入侵，为了节省费用，减轻军民负担，就把边界外那些军事要塞的人都撤回来，这样就不需要费很大劲去输送粮食和物资，老百姓也可以喘口气了。单于听到汉朝撤走了要塞守军，很高兴，觉得这是一个和平的姿态，就召集匈奴贵族来开会商量，想和汉朝和亲。左大且渠早就想报复单于，现在机会来了，他就出馊主意："以前汉朝都是使者在前，军队在后，现在我们也学学汉人，前头派个使者，军队跟在后头。"单于没有多想，答应了。左大且渠就和另一个匈奴王爷一起，各带1万骑兵，南下到边境地区打猎，等会师以后，一起护卫使者进入汉朝边境。

　　大家想想，派人和亲，就算使者需要保护，随身带几十人也就可以了。现在使者在前，2万骑兵在后，谁相信匈奴只是来谈判和亲的呀！匈奴还没到边境，队伍里有3个人跑了，他们骑马冲到汉军要塞，通知汉军说匈奴要入侵。汉宣帝得到消息，立刻下令边境地区进入战争戒备状态，同时派了4个将领，带领5000骑兵出塞，兵分三路，侦察前进几百里，各自抓了几十个俘虏回来。这时

候的汉军，虽然没有发动汉武帝时期的那种大集团远征，但战斗力还是很强悍的，5000骑兵分三路，就敢深入敌境。

匈奴2万骑兵，得知有3个人叛逃，向汉朝告警了，他们不敢再进入汉朝地界，生怕汉军以逸待劳，把他们歼灭，就撤兵回去了。一次和平的机会，就这样被贵族的小肚鸡肠给毁掉了。匈奴很倒霉，屋漏偏逢连夜雨，这一年又遭遇了天灾，草原上牧草生长得很差，牲口没吃的，百分之六七十都饿死了。他们担心汉朝乘人之危，又派了2万骑兵去边境上戒备汉军，而这支部队需要大量物资，这让本来生活就艰难的匈奴百姓更加痛苦。

这年秋天，原先被匈奴征服后安置在匈奴东部地区的西嗕族，在首领的带领下，赶着牲畜，和匈奴部队一路交战，南下投降了汉朝。曾经纵横北方，叱咤风云，长期令汉朝提心吊胆的匈奴，经过汉帝国的军事打击和外交侵蚀，就这样一步一步走向衰亡了。

## 国学小课堂

历史学家认为亚洲北部草原的气候，很大程度上影响着游牧民族和中原王朝的关系。当草原气候恶化时，他们更容易发起南下的入侵行动。这个观察是有见地的。这种南下的效果，也取决于中原王朝的状况。如果王朝蒸蒸日上，国力鼎盛，那么北方游牧民族很难取得战略成果，反过来要采取守势，甚至远远地避走。匈奴在汉朝全盛时耗尽了精锐部队，随后连续遭遇灾难，休养生息难以完成，而汉朝在汉宣帝治下实现复兴，这就断绝了匈奴南下获取利益的通道，匈奴的衰落不可逆转。

# 17

# 此人该杀不该杀？

汉宣帝早期并不掌握权力，大事其实是霍光说了算。霍光去世，汉宣帝清洗了霍家势力后，可以推行自己的政治主张了。汉宣帝从民间来，了解百姓疾苦，也知道当代政治的弊端，所以他推行的政策有很强的针对性。这些政策，从西汉朝廷重用的一些官员身上就能看出特点。

汉宣帝地节元年（公元前69年），于定国被任命为廷尉。廷尉主管司法，机构叫廷尉，负责人也叫廷尉，凡是地方上的官司，都由廷尉核查批准。朝廷其他的官员，往往混合管理宫廷事务和政府行政事务，只有廷尉是独立的，只管司法，不管其他。史书说于定国审查案件：

> "务在哀鳏寡，罪疑从轻，加审慎之心。"
>
> ——《汉书·于定国传》

什么意思呢？就是他判决案件时，同情弱势群体；有些罪案，因为证据不足，存在疑点，就判轻一些；判定罪与非罪非常慎重，唯恐造成冤案。司法上有两种做法：一种是怀疑一个人有罪，或者部分证据可以证明他有罪，那么为了不放过一个

务在哀鳏寡，
罪疑从轻，
加审慎之心。

坏人，就判他有罪，这叫疑罪从有；另一种做法是怀疑一个人有罪，或者部分
证据证明他有罪，但证据不完整，疑点没法排除，为了不冤枉一个无辜者，就
认为他无罪，这叫疑罪从无。

于定国的罪疑从轻，还没到现代罪疑从无的高度，但在那个时代，已经很
好了。实际上，中国古代一直有一个原则，叫"与其杀不辜，宁失不经"。就
是宁肯不依常法办案，也不杀掉一个无辜者。于定国判案公正，当时四海皆
知，朝廷评价道："张释之为廷尉，天下无冤民；于定国为廷尉，民自以不
冤。"就是说汉文帝时期的张释之当廷尉，天下没有被冤枉的百姓；而于定国
做廷尉，被判刑的人都不觉得自己冤。于定国的司法理念，和当时的需求是吻
合的。汉武帝重用酷吏，法律严苛，产生了不少冤案，在一些重大的政治事件
中，不少人被冤杀了，民间怨声载道。汉宣帝执政，要想纠正这种做法，他就
得宽松，不能再那样严厉地控制社会。他曾经公开说，要选拔那些公平、厚道
的官员来管理司法，实现司法公正。他亲自过问案件，尤其是死刑判决，非常

慎重，每年秋天集中审批死刑时，他都要亲自调阅案卷，看看是否有疑点，是否有徇私枉法的行为，这一时期的司法，历史上公认比较公平。

汉宣帝时期，涌现了几位非常著名的官员，他们的故事，也能折射出那一时期社会治理的一些特点。有个官员叫赵广汉，《汉书》说他这个人天生就是处理政务的好材料。赵广汉发明了举报箱，就是一种竹筒，信件可以投进去，别人拿不到，只有拿钥匙的官员才能拿到，类似现代的保密信筒，用这个专门接收告发信，这样做方便了知情者的检举揭发。在收到告发信以后，一经核实，便依法治罪。这样一来，赵广汉消息灵通，黑白两道有什么事他都知道。此外，他还精通"钩距"。所谓钩距，就是推理，根据已知线索，去推理未知的事情。

举报箱

长安的几个少年，到一处偏僻的空屋谋划一起劫人案，话未说完，赵广汉已经派人来逮捕惩处，这几个少年全都认罪。别人都想学他这一招，但没人能学得像他那样精通。 有一次，京城发生了一起绑架案：皇宫一个叫苏回的侍卫在家里被两个劫匪劫持了。接到报案，赵广汉从蛛丝马迹中寻找线索，终于发现了劫人者的住处。他飞速率人赶到，为了稳住罪犯，赵广汉站在庭院里，让长安丞龚奢敲门通告劫持犯："京兆尹赵君劝告两位，千万不要杀掉人质，此人是皇宫侍卫。如果你们立即自首，将得到良好的待遇，万一有幸碰到大赦，还可以获得自由。"这俩人吓傻了，没想到官府这么快就来了。他们早就听过赵广汉的威名，想想也没其他出路，立即打开门叩头请罪。赵广汉有礼貌地说："幸好你们让人质活了下来。"把犯人送到监狱后，赵广汉嘱咐狱吏善待他们，并给他们酒肉吃。按律法，到这年冬天，这两名罪犯将被处以死刑，赵广汉就为他们预先安排好了棺材以及安葬用品，并派人告诉他们安心服刑，这两个人心服口服，认罪服法。

> "京兆尹赵君谢两卿，无得杀质，此宿卫臣也。释质，束手，得善相遇，幸逢赦令，或时解脱。"
>
> ——《汉书·赵广汉传》

赵广汉在地方上管理出色，被提拔为京兆尹，在天子脚下工作。他不畏权贵，得罪了很多贵族。比如霍光死后不久，赵广汉查到霍家有非法酿酒、非法屠宰的嫌疑，便亲自带人前往霍光的儿子霍禹的家里搜查，砸烂了霍家酿酒的器具，还用刀斧砍坏了门。霍光的女儿是皇后，她向汉宣帝哭诉。毕竟霍光才死不久，汉宣帝顾及皇后的面子，就把赵广汉叫来责备了一顿。

后来，赵广汉的门客私自在长安市场上卖酒，丞相的属吏赶走了他。门客怀疑是苏贤告发了这件事，便告诉了赵广汉。赵广汉派长安丞追查苏贤，尉史禹弹劾苏贤逃避服兵役。苏贤的父亲上书申诉，控告赵广汉。赵广汉本来就得罪了贵族，现在人家抓住这件事不放，要求彻底调查。尉史禹被腰斩，赵广汉被审讯，正巧朝廷大赦，赵广汉只降了一级俸禄，少发了部分工资，不需要坐牢。

事后，赵广汉怀疑这件事是老乡荣畜指使的，就找了个罪名杀了荣畜。有人上书告发这件事，汉宣帝把案件交给丞相和御史大夫办理，追查得很紧。赵广汉派一个亲信到丞相魏相家当"看门人"，做卧底，私下打探丞相家中违法的事。地节三年（公元前67年）七月，魏相家里有个贴身丫鬟犯了过失，上吊自杀了。赵广汉听说了这件事，怀疑是丞相和丫鬟有不正当关系，丞相夫人因忌妒而在府宅内杀了她。赵广汉便派中郎赵奉寿劝告丞相，想以此挟制他，使他不要一直追究自己的事。丞相不听，追查得更紧了。赵广汉想要告发他，先向知星气的太史占问，太史说："这一年当有大臣被戮死。"赵广汉立即上书告发丞相的罪行。皇帝批示说："交由京兆尹处理。"

赵广汉知道形势急迫，于是自己带领吏卒直闯丞相府，召令丞相夫人下跪，带走了十几个奴婢，讯问她们杀死婢女的事。丞相魏相上书申诉："我妻子确实没有杀婢女。赵广汉多次犯罪，依法未能服罪，他以欺诈手段胁迫我，我一直忍着没有上奏。希望派清明的使者来处理我被指控的家事。"

事情交由廷尉处置，廷尉最终查明了婢女的死因，这个婢女是犯了错误，受到鞭笞，被赶出相府后自杀的。这就证明了赵广汉诬陷和要挟丞相。司直萧望之上奏弹劾道："赵广汉侮辱大臣，挟持丞相，违逆刑律，有伤风化，是不道之罪。"

你去魏相家当"看门人"，私下打探他违法的事。

嗯！

汉宣帝因为赵广汉得罪贵族，有点蹩脚，也不喜欢他，赵广汉因此被腰斩。长安的官员、百姓听到赵广汉因犯法将被处决，十分震惊和悲痛，很多人在他去刑场的路上送他。

广汉虽坐法诛，为京兆尹廉明，威制豪强，小民得职。百姓追思，歌之至今。
——《汉书·赵广汉传》

这件事很复杂，一方面，赵广汉的确很能干，是社会治理的高手，老百姓喜欢他；但另一方面，他动用权力来迫害他认为的对手，也是一个严重的问题。这件事其实反映了汉宣帝时期的一个问题，那就是汉宣帝既要打击豪强势力，又要小心把握打击的力度，真到贵族们都不满意的时候，他就要小心了，因为皇帝毕竟是靠这些人来统治天下的。赵广汉给皇帝惹了麻烦，这才是他真正的死因。这就让我们不得不佩服司马光的一个观点，那就是君子要想安全，就要走正道，千万不要用歪门邪道来解决问题，不要用小人的手段来为自己追逐利益，一旦这样做了，就失去了最大的优势。

要做厉害的好人，厉害不是能害人，而是不被人害。赵广汉很厉害，但后来他膨胀了，不是好人了，大麻烦也就跟着来了。

汉宣帝时期，还有几位难得的优秀官员，因为或大或小的过失，甚至根本没罪，就被无情处死，这些都被视为汉宣帝政治的遗憾甚至污点，这中间其实折射出汉宣帝内心真正在乎的东西是什么。

## 国学小课堂

据《姓谱》这本书的说法，"于"这个姓氏，起源于一个古代诸侯国。相传周武王的一个儿子分封在邘国，"邘"字的"阝"代表城市。后世子孙就用这个国家的名字来做姓氏，他们是周武王的子孙，那么他们的姓应该是姬，但他们的氏是邘，男性贵族称氏不称姓，这种现象在古代很常见。再后来，为了方便，又把"阝"去掉，只剩下一个"于"。

# 18

# 七旬老将催战云

汉宣帝时期，最主要的对手不是北方的匈奴，而是西部的羌族。羌族是一个非常古老的民族，现在他们主要生活在四川、青海一带，但是在古代的时候，整个西部地区，整个青藏高原，基本都是羌族人的势力范围。当初汉武帝对匈奴发动大规模战争的时候，开设了河西四郡，一方面，是为了"断匈奴右臂"，让他们没有办法从西北方向进攻长安；另一方面，也是为了把匈奴和羌族隔开。为了实现这个目标，汉朝把羌族人从湟水流域赶走。那个地方水草肥美，特别适合游牧。羌族人被赶走以后，日思夜想，总在找机会回去。

汉宣帝元康四年（公元前62年），汉宣帝派了光禄大夫义渠安国巡视羌族地区。羌族的这些贵族首领提出请求："我们能不能渡过湟水，到北方地区，到那些没人去开垦的地方，我们放牧。你看，那些地方闲着也是闲着，那么好的地方，水草肥美，空着太可惜了。我们现在这个地方，条件也没那么好，让我们去吧。"

义渠安国不知道这个地方的重要性，他不理解当时汉武帝制造这个无人地带的战略意义，也没有请示朝廷，随口就答应了。回来后，跟汉宣帝一说，有个人生气了。谁啊？赵充国。

这时候赵充国是后将军，赵充国说："你犯了大错误！你怎么能随口答应羌

族人这个要求呢？你知不知道当初我们的先帝孝武皇帝，费了多大劲才实现这个战略分割吗？现在好了，你一句话，人家回去了，马上跟匈奴人又贴在一起了。"

我们此前讲过，汉武帝天汉二年（公元前99年），贰师将军李广利出征匈奴，取得了胜利，但是撤兵时被好几万匈奴人包围。是假司马赵充国带了100多个骑兵在前面开路，把大军救了出来。他身上受了20多处伤，汉武帝一个伤口一个伤口地问，当时就拜为中郎，在汉武帝身边工作。那是公元前99年的事情，距离公元前62年，已经过去37年了。当时赵充国38岁，现在75岁了，但是宝刀未老，头脑依然非常清醒。

木已成舟，汉宣帝也没有办法马上就收回义渠安国这个成命，毕竟他是代表朝廷去的，他说的话羌族人当回事，不能掉头就不算数，只能看情况再说了。羌族人在义渠安国答应自己的请求后，开始一批批渡过湟水，地方政府拦不住。

如果只是简单地去那边放牧倒也罢了，可羌族人是有政治目的的，先零羌开始和其他羌族人部落消除仇怨。此前，各个部落之间有很深的矛盾，虽然都叫羌族，但各支是相互不来往的，有时候为了争夺草场、争夺水源，甚至会发生大规模械斗。现在羌族人相互谈判，消除仇怨，组成联盟，对天发誓，准备对汉人聚居区发起攻击。

汉宣帝听到了这个情报，不知道该怎么处置，就问赵充国："我们该怎么办？"赵充国说："羌族人之所以容易控制，就是因为他们每个部落之间都有矛盾，贵族都有私心。他们相互攻击，很难抱成团，所以我们可以分而治之。30多年前，羌族人曾经发动过一次叛乱。他们在叛乱之前就有兆头，和现在一样，也是消除了仇怨，达成联盟，联合进攻邻居。当时打了五六年才平定。"

赵充国说的是武帝元鼎五年（公元前112年）桴罕一带发生的战争。赵充国年纪大了，记忆力差一些，说30多年前，实际上已经是50多年前的事情。赵充国说："匈奴一次次联合羌族人，想和他们一起来进攻我们的张掖、酒泉，让羌族人住在那里，一来做他们的挡箭牌，二来让他们当矛头，进攻我们。匈奴人被打败后不死心，一直就想派人去跟羌族人联合。现在看这个势头，我觉得一定不是羌族人自己想干什么，我怀疑匈奴使者已经到了羌族地区。他们一定是想在鄯善、敦煌这一带发起攻击，隔绝我们和西域之间的联系。羌族人自己是成不了大气候的，但是如果他们跟匈奴联合起来，恐怕西部地区的祸患才刚刚开始，这个事情非常难办。为今之计是赶紧派人去拆散羌族人之间的同盟关系，不要让他们成了气候，千万不要抱成团。"

汉宣帝听了赵充国的分析，重新派了义渠安国去摸底，看看到底哪些羌族人想造反，哪些羌族人没有这个意图。但是义渠安国毕竟是战略外行，他没有赵充国那么老成持重，做事情比较毛躁。按理说，应该摸清楚情况，先礼后兵。可他恰恰把顺序搞反了。

他去以后，把30多个羌族首领集中起来，请他们来喝酒谈事，然后把中间一些特别难对付的首领杀了，紧接着派兵去进攻这些首领的部落，杀了上千个羌族人。这下子捅了马蜂窝，羌族人非常生气。有一部分羌族人确实是有阴谋、有反叛意图，但是如果安抚到位，事情还是有转圜余地的，还没到铁了心和汉朝不共戴天的地步。可是这么一棒子横扫过去，打击面太大，原本还愿意和汉族人搞好关系的羌族部落也生气了，被杀了贵族的部落更是与汉朝结下了血海深仇。

羌族部落全部统合起来，组成一支大军，进攻城池，攻击要塞，杀害地方干部，战祸爆发，兵灾席卷西部。义渠安国派了一个骑都尉，带了1000多个骑兵守卫咽喉要道，避免羌族人继续向中原核心地区进攻。这1000多人在阆门这个地方被羌族人伏击，吃了败仗，损失非常严重。义渠安国一筹莫展，只好退回到临洮这个地方，伸手向朝廷要支援。

汉宣帝知道赵充国智勇双全，但又嫌他老，只想请他当顾问，不想派他上战场。汉宣帝让御史大夫丙吉去问赵充国："谁能够带兵平定羌族叛乱呢？"赵充国说："要论能打善战，看来看去，满朝上下没人能够超过老臣我！"很自信，不服老！

丙吉回来向汉宣帝汇报，汉宣帝说："那好，我亲自跟他谈。"他把赵充国请来，先不说用谁，而是先问作战计划："将军，你觉得羌族人下一步会怎么行动呢？如果我们要跟它打，我们用多少兵力呢？"赵充国说："百闻不如一见。在一个遥远的地方到底该怎么打，我没办法坐在长安跟陛下说。我很愿意现在就尽快到金城（今甘肃兰州），实地调查以后，我把该怎么做画一张图，汇报给陛下。你看完以后就知道该怎么办了。羌族这些人其实没有什么大

谁能够带兵平定羌族叛乱呢？

要论能打善战，看来看去，满朝上下没人能够超过老臣我！

不了的，他们不会掀翻天，可是你要是处置不当，就不知道会有什么后果了。陛下如果把这个任务交给老臣我，你不用担心，我保证尽快解决问题。"

汉宣帝笑了，看赵充国这么自信，而且说得有道理，就命他挂帅出征，征发很多军队，跟着赵充国一起到了金城。后来，汉宣帝看到赵充国送来的作战图，确认他的想法没问题，正式任命他为征讨西羌的将军。

赵充国到了金城，持重不动，等待战机。金城的地形特征是南北两座山，中间过黄河。赵充国要去征讨西羌，得先渡过黄河，进入湟水河谷。赵充国在金城，等骑兵集结。等精骑集结1万以后，他决定渡河了。可是他知道，河对岸的羌族人也没闲着，一直在做各种侦察，行动要是不谨慎、不周详，没准一渡河就遭到伏击，像义渠安国那次一样，被人家打个措手不及。

赵充国先派了3个校官，带了几千人，到晚上"衔枚夜渡"。马的嘴拢起来，不让它嘶鸣；士兵每个人嘴里衔一根筷子，筷子两头有绳子，绑在脑袋后面，这样就没法说话了。这几千人悄无声息地暗夜过河，过去以后马上在岸上建了一个阵营，用现在的话说叫"巩固滩头阵地"，这样一来，后续部队就安全了。在对岸先头部队的掩护下，次日白天，大部队稳稳当当地全部渡过了黄河。

羌族人立刻派小队骑兵来侦察。赵充国说："现在我们的士兵还有点疲惫，马匹也是远道而来，不可以马上去冲锋陷阵。羌族骑兵很骁勇，这几十个、上百个兵是来诱我们进埋伏圈的。我们这次的任务是一举歼灭这些反叛的羌族人，这些小目标就算了，不要去碰它。"

赵充国下令军中，不得出击，违令者斩。赵充国派人去侦察，发现附近有一个四望峡，峡谷里没有羌族人。按照古代人的注释，四望峡在金城以南600多里的地方，山势陡峭，中间有水。当晚赵充国带兵通过四望峡，到达洛都，对手下人说："现在我知道羌族人不懂军事，没法打仗。四望峡这么重要的地方，他们居然没有一个人来守卫。假如这个地方有1000个兵，不用多，就1000个兵，我们就完蛋了。我们无法通过峡谷，就根本不可能占领这个地方。现在既然羌族人不占领，我们占领了，行了，下一步胜利有把握了。"

赵充国为什么这么说呢？因为他的1万多人马，现在已经进入敌境，背后是黄河，援兵很难跟进。如果四望峡有羌族守军，前进过不去，后退被截断，形

势就危险了。

接下来，赵充国开始前进，他打仗非常稳重，每次出发前，先把前面战场侦察好，到了以后立刻构筑营垒，有点像古罗马军团的做法：不管多疲惫，都先把阵地建好，这样一来，就不可能被对方突击。而且赵充国有个特点，特别爱护他的士卒，绝不滥用人力，也绝不让他们轻易牺牲。就这样稳扎稳打，一步一步挺进到了先前设置的西部都尉府，这个地方废弃多年，现在重新占领，立刻改造成一座要塞。

之后，赵充国每天让士兵们吃好喝好，锻炼身体，不打仗。久而久之，士兵们都急了：我们就是来打仗的，不打仗算怎么回事。赵充国的这种做法有点像战国时期的李牧。李牧带兵就是不打仗，养兵，等养到士兵们都愿意打仗了再说，现在赵充国也是这样，手下的官兵都急了："叫声将军你听好，我们不

是娇气包。跨过大河到湟水，吃鱼烤兔射大雕。光吃不打会长胖，腰间已经有肥膘。刀已磨快马吃饱，总不打仗太烦恼。"

赵充国不松口。有好多次羌族人前来挑战，他也不应战。后来他抓到了一个俘虏，这个俘虏说："你可不知道，现在我们这些贵族在一起都相互抱怨。怎么抱怨呢？有人说：'告诉你别造反，你非要造反。现在天子派赵将军来了！老将军岁数大，特别会用兵。他不愿意跟我们打，就等着我们疲惫，再来攻击我们。即使你现在想去跟他拼，你也拼不了，这个局势很糟糕。'"

> 虏数挑战，充国坚守。　　　　——《汉书·赵充国传》

赵充国成功进兵，而且没有一点损失，已经给羌族人造成了严重的心理压力。最初，羌族里的罕族和开族首领就曾经告诉西部都尉，说先零人是要造反的。过了几天，先零人果然造反了。地方官不但不感谢人家，还把人家扣为人质。现在赵充国来了，马上全部释放，让他们带话回去："我们要讨伐、要惩戒的，只是那些敢于造反的、带头的人，其他无关的人都没罪。该散的散，回家放羊，别跟着一块找死。而且我们皇帝说了，即使参与了这次叛乱，只要能抓住首领，能把首领杀了，就算有功，不但能免除罪过，还会有各种赏赐。赶紧去把这些事告诉他们！"

这招特别厉害，真是兵不血刃。这些羌族人一听：既然不杀我们，把那几个反叛的首领绑起来就能免除罪过，还能有赏赐，何乐而不为呢？

这样一来，羌族的大部分反叛力量就瓦解了，只剩下非常顽固的那几股。赵充国一看，对方已经瓦解了，可以乘机发起攻击了。但是有时候，一个将军

的敌人并不一定是在战场上，也不一定是对方阵营的人。"猪队友"比敌人更可怕。赵充国这次出征，要小心提防羌族人的进攻和埋伏，更要小心朝里那些目光短浅、胸无韬略，却对皇帝有影响力的官僚。事实上，老将军这次出征，三成精力谋算敌人，七成内功都用来和自己人较量。

## 国学小课堂

义渠是一个复姓，但它不是一个汉族姓。大家可能看过电视剧《芈月传》，里面有个义渠国，在当时秦国的西北方向，是一个少数民族国家。义渠国被秦国灭了以后，子孙就以部落名号为姓氏。

# 19

# 强敌原来在朝堂

老将军赵充国75岁拜将出征，在金城郡渡过黄河，先创造有利态势，然后开始劝说羌族人投降。他的计划是三分军事、七分政治，分化瓦解，以夷制夷，先把羌族人里罕、开两大部族从反叛者中分离出去，让最强硬的先零等部族孤立，最大限度争取可以争取的人，最大限度减少自己需要打击的人，这样打起来就更有胜利的把握，不但自己的军队损失会很小，羌族人也不会有太大的伤亡，这就是唐朝诗人杜甫在《前出塞》里说的："杀人亦有限，列国自有疆。苟能制侵陵，岂在多杀伤。"

但是并非所有人都能看懂赵充国的用意。此时汉宣帝从国内征发的军队已经有6万人，既有边境上的驻屯军，也有从内地调来的部队。6万大军要吃吃喝喝，后勤保障压力很大。尤其是战场在青藏高原东坡上，从内地调运粮草和物资过去，路途遥远，运输艰难。前方是6万人，后方就是60万人在工作，而西汉的财富，在汉武帝时代就已经折腾得没多少了。汉武帝去世后，虽然经济慢慢恢复，但谁也不愿意战争旷日持久，造成严重的财政消耗。

酒泉太守辛武贤上书给汉宣帝，他的意思是不要等了，赶紧在七月上旬发起攻击，让军队带30天的口粮，分兵出发，在约定地点围剿罕、开两大部落。他认为这样做虽然不能全部歼灭这些羌族人，但是能占有他们的牲畜，扣押他

们的家属，然后退回来休养，到了冬天再发动攻势，这样一定能够沉重打击羌族人。

汉宣帝把他写的奏章原样送到赵充国那里，让赵充国判断是否有道理。赵充国看完后说："辛武贤想得太简单了。一匹马驮30天的士兵口粮，那就是两斛四斗米，八斛麦子，还有士兵的衣服和兵器。有了这么沉重的负担，走路还行，怎么奔驰追逐呢？"

赵充国接着分析说："用这样行动迟缓的军队去打仗，羌族人肯定可以很从容地转移。如果你跟踪他们，他们就会到深山里，凭借地理优势来阻击你。跟他们打，未必能打下来，更危险的是粮食还会断绝，到那时候，可就有大危险了，恐怕最后会被人家笑话。至于辛武贤说的劫持控制罕、开两部落的妇女

儿童当人质，就更不可取了。这次羌人反叛，带头的是先零部落，其他部落被他们控制胁迫，不得不随大溜，本意并不想造反。所以我的计划是：对于罕、开部落这样的从犯，就不去追究，赦免他们的罪过，集中力量沉重打击挑头的先零，这样才能最大限度震慑反叛势力。对于一般的羌族部落，应该选拔一些人品好、有本事的地方官来好好地安抚管理，这才是军队安全、边境安宁、国家安康的长久之计。"

赵充国真是老成持重、深谋远虑。一般的军人，很少从国家战略层面思考问题，他们更愿意痛痛快快地打打杀杀，没有耐心经营的习惯，这就更显示出赵充国的格局。他这份意见送达长安后，汉宣帝让群臣讨论，这些大臣不在前方，不知道实际情况，只会纸上谈兵，认为先零的力量更强，罕、开两部落相对较弱，又是先零的友军，应该先灭了他们，然后攻打先零。

汉宣帝被这些人说服了，任命侍中许延寿为强弩将军，任命酒泉太守辛武贤为破羌将军，赐予官印和委任状，嘉奖辛武贤提出的策略。大家看辛武贤的将军名号，是破羌将军，攻破羌族，气势很大。汉宣帝既然下定决心要速战速决，看赵充国的那种持久打法，就很不舒服。在任命两个将军，准备迅速行动的同时，他专门写信批评赵充国，话说得很难听。史书记载的原文是这样的：

> 转输并起，百姓烦扰，将军将万余之众，不早及秋共水草之利，争其畜食，欲至冬，虏皆当畜食，多藏匿山中，依险阻，将军士寒，手足皲瘃，宁有利战？将军不念中国之费，欲以岁数而胜微，将军谁不乐此者？
>
> ——《汉书·赵充国传》

翻译过来就是："现在大规模运输已经展开，严重烦扰了老百姓，将军你带着上万人的军队，实力不小，不趁早利用秋天水草丰美的机会，争夺羌族人的牲口和粮食，想到了冬天再打，可那时候，羌族人都把食物囤积起来，躲在山里，依靠险要地形阻击你，你的士兵在严寒天气下，手脚都会冻伤，怎么可能打胜仗呢？将军你不考虑中原地区巨大的后勤代价，想慢悠悠花几年搞定羌族，带兵的谁不喜欢这种节奏啊？"汉宣帝命令破羌将军辛武贤等人出兵，约定七月就去进攻罕、开两部落的军队，让赵充国带着本部人马，和他们协同行动，不要有过多的想法。汉宣帝这样做不是没有道理，他自有他的难处，他主要是心疼老百姓负担太重，也担心赵充国那边的士兵冬天受罪。现在两边各有各的道理，就看谁的道理更符合实际。

赵充国真是杰出将领，绝不因为皇帝发话了，就服服帖帖地接受命令。他再次上书给汉宣帝，解释自己的战略考量。他说："此前陛下曾经下诏书给我，要我派人去劝说罕、开两部落，说大军即将抵达，朝廷不怪罪他们，用这种姿态来瓦解他们和先零的结盟。所以我派开部落的贵族雕库去他们的地界上广为宣传，他们都知道天子曾经有过不追究的承诺。现在先零羌族的贵族豪强杨玉占领险要地形，伺机发起行动，这是出头鸟啊，而罕、开两部落的羌族人并没有反叛的实际动作，那么我们放着出头鸟不打，却去打不出头的鸟，放过了有罪的，打击了无辜的，结果一棒子下去，把本不是敌人的人变成了敌人，加上本来就有的敌人，给自己制造出两个大麻烦，这就违背了陛下的本意。打仗嘛，就是争取主动，最好以逸待劳。不排除罕羌部落的确有入侵敦煌和酒泉的意图，那么我们的对策，就应该是训练军队，等他们上门。他们远道而来，疲惫不堪，也缺少粮草，而我们背靠要塞，能够轻轻松松地应对他们。如果现在把敦煌和酒泉的军队调出去打仗，就是放弃了这种以逸待劳的优势，反倒是

我们自己苦哈哈地去人家地盘上打仗，我虽然智商不高，也知道这样做不好。现在我们最大的敌人是先零羌，他们为了起兵反叛，主动和罕、开部落化解了仇怨，结成同盟，但他们内心其实也是有顾虑的。他们怕一旦朝廷大军来到，罕、开两部落就会迫于压力而背叛约定。我认为他们最希望的就是我们攻打罕、开部落，他们在危急的时候出手救援，这样就会让那两个部落感恩戴德，然后盟约就坚固了。如果我们先进攻罕、开两部，先零一定会出兵增援。这样会出现什么样的态势呢？现在正是游牧部落马匹肥壮的时候，他们的军队不缺粮草，战斗力最强，这时候去攻击他们，未必能打赢，反倒让先零团结了罕、开两部落，抱成团对付我们，势力更强大。他们一旦合兵，兵力能达到2万人，都是精锐骑兵，很难对付。如果他们再把其他小部落的人也聚集起来，那么兵力远不止2万人，就更难消灭了。我担心那样一来，国家负担更重，耗费的时间恐怕得10年以上，绝不只是两三年而已。陛下觉得我用两三年平定羌族叛乱太慢，殊不知欲速则不达，到时候就知道两三年已经算是很快了。在我看来，

我们是无辜的！

正确的打法，就是拿先零开刀，擒贼先擒王，如果灭了先零而罕、开两部落不服，那么掉头再去对付他们，到时候罕、开两部落失去了强大的后援，也成不了什么气候。总之，现在出兵打罕、开两部落，是不对的。"

赵充国这番分析，有理有据，实事求是，逻辑非常强大，条理非常清晰，让人不得不服，只要是个正常人都能看出他是对的。汉宣帝神爵元年（公元前61年），汉宣帝亲自写信给赵充国，同意他的作战方案。

赵充国此前一直按兵不动，现在得到皇帝的同意，立刻带兵进军，一口气冲到先零人的地盘。先零人已经集结很久了，一直气鼓鼓地要和赵充国决战，但一直没有机会，早就松懈了。现在赵充国不请自来，忽然大兵压境，他们顿时就慌了，抛弃辎重，想要渡过湟水，向青藏高原腹地撤退。去往湟水的道路很窄，赵充国慢悠悠地在后面跟着，不远也不近，那情形就像一只羊在逃命，后面一头老虎不远不近地跟着，给先零人造成巨大的心理压力。

有人建议说："我们应该全速追击，否则等羌人过了湟水，我们就没有战果了。"赵充国说："现在这些都是穷寇，都急眼了，你慢慢跟着，他们就只顾逃命，不会回头；如果你把他们逼急了，他们困兽犹斗，就会和你拼命，那样就会造成不必要的伤亡。"军官们都说："这真是好主意。"

汉军大部队尾随羌人，羌人过湟水时被淹死了好几百人，投降和被杀死了500多人，汉军俘获羌人牲畜十几万头，缴获车子4000多辆。有人可能觉得这个战果太小了。大家一定要认识到，中国历史上，像赵充国这样的将领太少了。大部分武将，都是拿人命换功名，所谓"一将功成万骨枯"。赵充国的伟大之处，就在于尽量用不杀人的方式来解决危机。汉人、羌人都是人，都是血肉之躯，都有父母妻儿，都有兄弟姐妹，放下兵器，都是农民牧人，其实没有什么深仇大怨，都是被统治者胁迫驱赶，做贵族的炮灰。杀来杀去，解决不了

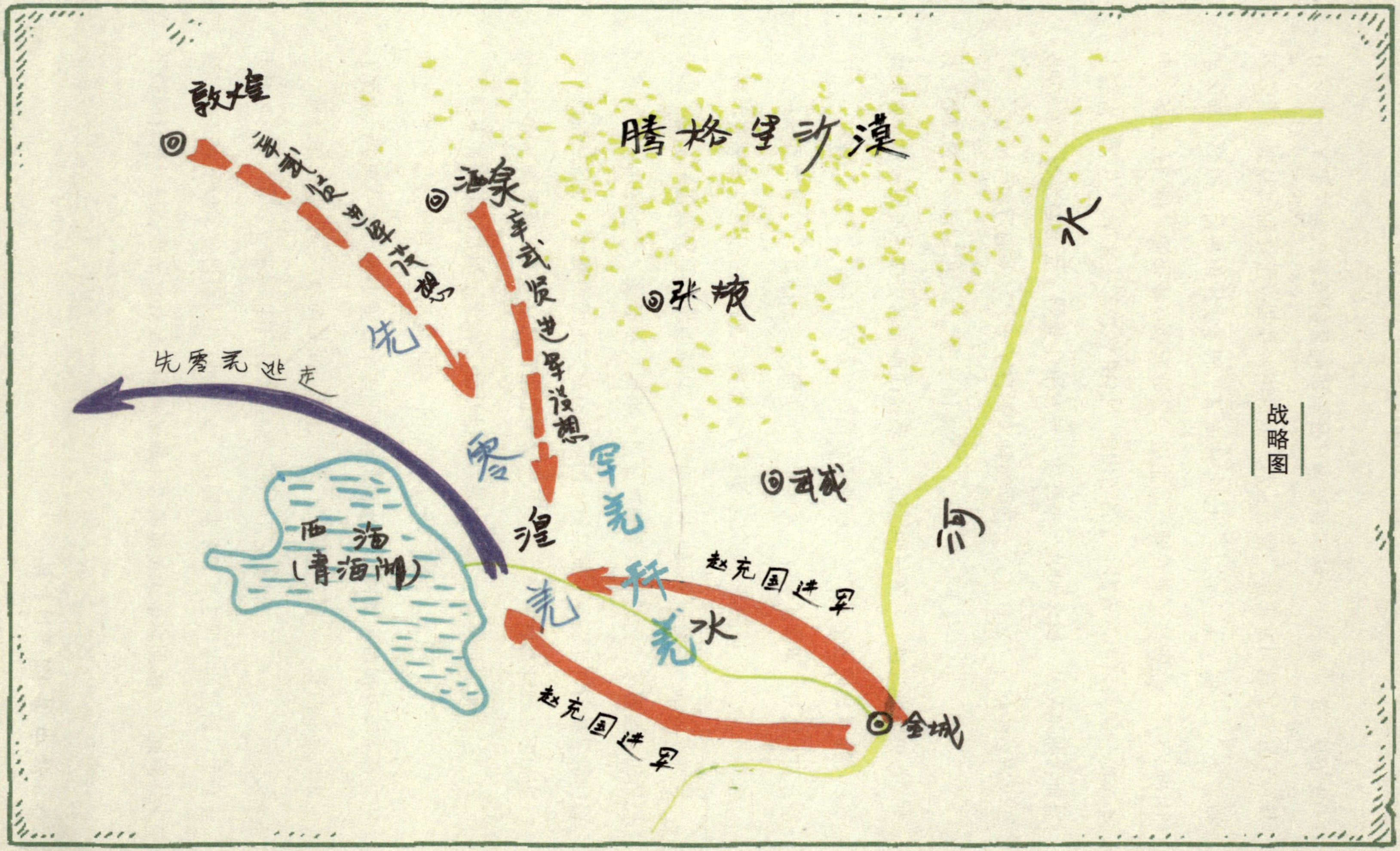

敦煌
辛武贤进军设想
酒泉
辛武贤进军设想
腾格里沙漠
张掖
武威
先零羌逃走
先零
罕羌
开羌
湟水
西海（青海湖）
赵充国进军
赵充国进军
金城
河水


战略图

问题，最高明的办法，就是"攻心为上"，让敌人从内心放弃对抗意图。三国时期，诸葛亮解决蜀国南部的孟获叛乱，用的就是这种办法，"攻心为上，攻城为下；心战为上，兵战为下"，诸葛亮七擒孟获，和赵充国的理念其实是一样的。

赵充国带兵来到罕人的部落，下命令给军中，严禁焚烧羌人的房屋，严禁在羌人的农田中放马，违令者斩！大军所到之处秋毫无犯，秩序井然。罕人非常感动："朝廷说话算话，果然不追究我们。"

罕人豪强靡忘派人来，希望赵充国能允许他带着部落回到以前的地盘。赵充国把他的意思汇报给汉宣帝，在等待朝廷答复的时候，靡忘本人亲自来见赵充国了。赵充国设宴招待他，跟他聊了一会儿，就放他回去安抚自己的部落

了。军中很多军官都说："将军，你不能放他走，他是反叛首领，我们不能擅自放他。"赵充国说："你们就好好地写公文、写总结吧，你们无非是想抓住他立功，并不是为国家长治久安考虑。"话没说完，汉宣帝的亲笔信就到了，他赦免了糜忘，要糜忘安安生生带领部落，今后不要再生反叛之心。赵充国和汉宣帝的这种态度，让罕人非常高兴，那里的反叛苗头兵不血刃就平定了。

赵充国的眼光，并不停留在这次行动上，他想长久地解决西部边界的安全问题，所以要提出一个看起来很笨，但实际上非常高明的战略主张，但是再一次，他和那些鼠目寸光的官僚发生碰撞，不得不舌战群儒，说服皇帝。

## 国学小课堂

汉宣帝催促赵充国出战的诏书中有这么一段："今五星出东方，中国大利……"所谓"五星出东方，中国大利"，意思是古人以为金、木、水、火、土五星相聚之处，其下用兵必胜。既然汉在东，羌在西，那么五星出东方，则汉兵必胜。1995年10月，中日尼雅遗址学术考察队成员在新疆和田民丰县尼雅遗址古墓中发现一块织锦，织有8个汉隶文字"五星出东方利中国"，表达的也是这个意思。这里的中国指的是中原。

# 20

# 将军胸中十二策

　　赵充国用分化瓦解的手段，成功地拆散了羌族人的联盟，兵不血刃地安抚了罕羌部落，孤立了先零人，赢得初步胜利，或者说阶段性胜利。

　　汉宣帝神爵元年（公元前61年），朝廷下令，让破羌将军辛武贤、强弩将军许延寿带兵去前方，和赵充国会师，准备合兵进攻先零。这时候羌族投降的人已经有1万多，赵充国判断羌族人势必瓦解，不想用打仗来解决问题，觉得完全可以通过屯田来慢慢消耗羌族人，等他们自己失败。赵充国正要给朝廷打报告，汉宣帝的诏书下来了，催促他赶紧进攻，剿灭先零部落。赵充国的想法再一次和皇帝的想法发生了冲突。

　　老将军的儿子赵卬（áng）沉不住气了。赵卬替父亲担忧，他自己不敢直接去劝父亲，就找了一个能说会道的熟人，去找赵充国："将军，你没必要总是坚持己见啊。假如这次出兵一定会失败，军队覆灭，军官死亡，那么为了避免这种结局，你可以据理力争。现在朝廷的打法也没有问题，只不过是好处大小不同而已，你又何必争执不下呢？一旦把皇帝陛下惹怒了，派一个使者来惩罚你，你自己的身家性命都保不住，还保什么江山社稷呢？"

　　赵充国长叹一口气："说这话的人不忠啊！假如一开始就采纳我的意见，羌族叛乱哪能发展到今天这个局面！最初朝廷要大臣推荐出使羌族部落

将军，你没必要总是坚持己见啊。假如这次出兵一定会失败，军队覆灭，军官死亡，那么为了避免这种结局，你可以据理力争。现在朝廷的打法也没有问题，只不过是好处大小不同而已，你又何必争执不下呢？一旦把皇帝陛下惹怒了，派一个使者来惩罚你，你自己的身家性命都保不住，还保什么江山社稷呢？

的人选，我推荐了辛武贤，丞相和御史大夫推荐了义渠安国，结果义渠安国把局面搞砸了。后来金城、湟中一带粮食降价，很便宜，我建议朝廷趁着粮食价格低，大量收购囤积，屯够300万斛，就掌握了西北一带的经济命脉，

羌人要想吃粮，就得跟官府搞好关系，也就没有了起兵造反的底气和资本。结果财政部打了折扣，只提出了购买100万斛的目标，最后实际买到的，只有40万斛，完全起不到调控作用。就是这40万斛粮食，也被后来义渠安国那次失败的行动给浪费掉了。这两个办法都没成功，羌族人胆子就壮了。所以说失之毫厘，差之千里，最后成了这个样子。现在如果非要用打仗的手段解决问题，一旦不能速战速决，周边其他胡人政权一看有机可乘，就会起来闹事，到那时候就麻烦了，难道只有羌族人才值得忧虑吗？我主意已定，就是死，也要坚持我认为正确的主张，而且当今陛下很聪明，我相信他能分辨出优劣。"

赵充国上书给汉宣帝，详细解释自己的战略："用武力征服羌族人，很不容易，因为他们占据有利地形，一时半会儿很难攻破，而且会加大汉军的后勤压力。臣经过侦察，发现这里有大片土地是可以开垦种粮的，同时还有很多废弃的要塞和堡垒，可以让骑兵返回关中，留下2万多步兵，一边修复堡垒、要塞，驻扎进去；一边大规模开垦粮田，自己养活自己。这样做有两个好处：第一个是有要塞体系，羌族人没法占到便宜；第二个是自己种粮，不用长途运输。羌族人打又打不过，能种粮的土地又被汉军占领，他们最后就不攻自破了。"同时他还给朝廷提交了一份屯田的计划。

汉宣帝接到他的报告和计划，回了一封非常简短的亲笔信，就几句话：

"即如将军之计，虏当何时伏诛？兵当何时得决？熟计其便，复奏！"
——《汉书·赵充国传》

"如果按照将军你的计策，那么叛乱的羌人头目何时被处

决？两军对垒何时能决出胜负？你好好想清楚了，再向我汇报！"大家注意，这语气里是有点不耐烦的，潜台词是："像你这样拖延，何时我才能享受到胜利成果！"

赵充国当然能听出弦外之音，他给汉宣帝详细列举了屯田的12个好处：第一，军队种粮，既能自给自足，又能戍守地方；第二，占据好地方，把羌族人挤到土地贫瘠的地方，摧毁他们的经济基础，让活不下去的羌族下层对上层贵族产生怨恨；第三，有军队保护，边疆人民可以发展生产，安居乐业；第四，骑兵的马匹太耗费粮食，把它们送回内地，可以节省很多费用；第五，农闲时节，可以把军队组织起来，在边疆地区巡逻，巩固边疆，震慑反叛；第六，闲暇时，可以砍伐树木，建立直达金城郡的驿站，保证信息和物资畅通；第七，

时机成熟就出兵打击，时机不成熟就卡住要害，让反叛者长期生活在艰苦环境中，最后精力消耗殆尽；第八，不会损失士兵；第九，朝廷不会因为失败而折损威严，外寇因为无机可乘而无法入侵；第十，其他地方的羌族部落看到这种局面，不会蠢蠢欲动；第十一，在青海湖一带屯田，可以建设经营西域的桥头堡；第十二，因为粮食不需要长途运输，所以可以借机减免中原地区的百姓赋税。

汉宣帝看完这12个好处，又发来一封亲笔信：

> "虏虽未伏诛，兵决可期月而望，期月而望者，谓今冬邪？谓何时也？将军独不计虏闻兵颇罢，且丁壮相聚，攻扰田者及道上屯兵，复杀略人民，将何以止？"
> ——《汉书·赵充国传》

"到底什么时候能解决问题？是今年冬天还是什么时候？如果屯田，羌族人听说骑兵撤走，步兵屯田，来攻击这些种地的士兵和边境地区百姓，怎么办？"

赵充国一看，汉宣帝还是有顾虑，还是没有被说服，就又写了一封信给汉宣帝，这次彻底打消了汉宣帝的顾虑。赵充国说："我详细考察过敌我力量对比，预计明年春天就可以彻底解决问题。为什么这么有把握呢？因为羌族人现在剩下的兵力，只有七八千人，而且不是集中的，是分散在各处的，没办法攥成一个拳头。过去从敦煌到辽东郡这条线上，1500多里地，战线很长，在要害地区的那些关塞和堡垒里，最多也就几千人驻守，但是匈奴人、羌族人以及其他胡人，用好几倍的兵力也攻不下来。现在虽然解散骑兵，只靠步兵，但人数有1万多，而且有成熟的堡垒体系，一声令下士兵就能集中起来；而羌族人分散，根本无法集结一支大规模的队伍，因此也就没有胆量主动进攻我们的堡垒阵地。从现在到明年春天，是他们马匹最瘦弱、草料最缺乏的时节，他们本身的战斗力也在低潮期，不可能发起攻击，所以我就等开春他们自己瓦解。这样我们不用费大力气就能取得很好的战果。至于陛下你说的人家来偷袭我们，这个是无法避免的，但影响不了大局。"

最后赵充国提出了一个原则：

> "战不必胜，不苟接刃；攻不必取，不苟劳众。"
>
> ——《汉书·赵充国传》

意思是打仗如果不能有必然取胜的把握，就不去交锋；进攻如果没有胜算，就不去进攻。现在看来，屯田不战，反倒是不战而屈人之兵的上策，比冒险出兵强多了。

赵充国每次来信，汉宣帝都集中群臣讨论他的建议和计策，最初同意赵充国方案的人，10个人里面只有两三个，到后来有四五个，最后10个里面有八九个都觉得他说得对。汉宣帝拿着赵充国最后的这份报告，问之前反对赵充国的大臣："你们到底服气不服气？"这些人都跪下磕头，说："不服不行啊。"

最后，汉宣帝写信嘉奖赵充国，同意赵充国的方案。但汉宣帝依然觉得可以同时实行赵充国的屯田方案和辛武贤的进攻方案，于是让辛武贤、许延寿和赵充国的儿子赵卬一起出兵，这三路人马，总共消灭了8000多名羌族人，向赵充国投降的羌族人有5000多人。朝廷召回了其他人，让赵充国留下来屯田。到宣帝神爵二年（公元前60年）五月，赵充国汇报朝廷，说羌族人本来集中了大约5万人的兵力，战场上杀死7600多人，投降31200多人，淹死、饿死五六千

人，最后逃脱的不超过4000人，剩下的部落一定会臣服，可以停止屯田，取消军事行动了。汉宣帝同意了他的意见，赵充国就带着他的兵回来了。

此后朝廷下诏，要设立一个叫护羌校尉的官职，顾名思义，就是看护羌族的校尉。当时赵充国卧病在床，丞相、御史大夫、车骑将军和前将军联名举荐辛武贤的弟弟辛汤。赵充国听到消息，立刻从病床上坐起来："不行，辛汤喝醉酒会撒酒疯，疯疯癫癫，胡说八道，不能派他去，会惹事。不如用辛汤的哥哥辛临众。"这时候辛汤已经被任命为护羌校尉，汉宣帝一听赵充国的意见，马上下令改用辛临众。后来辛临众因为生病被免职，大家再次推荐辛汤，辛汤就上任去了。结果辛汤去了之后，果然多次喝醉酒打骂侮辱羌族人，最后激起了羌族人的叛乱，和赵充国的预料一模一样。

赵充国这次平定羌族叛乱，得罪了辛武贤。首先是他反对辛武贤轻易出兵，其次是胜利回来时，有人建议赵充国把功劳都让给辛武贤和许延寿，但是赵充国说："我一把岁数了，不在乎功劳爵位，但是我如果把功劳都让给他

们，陛下就会觉得出兵打仗更好使、更有用，这样会助长穷兵黩武的势头，对国家不利。"结果辛武贤更恨他了。

辛武贤拿赵充国没办法，就陷害他的儿子赵卬。辛武贤上书给汉宣帝，说赵卬泄露了宫廷机密。怎么回事呢？原来辛武贤曾经在军中和赵卬一起喝酒，聊起政治，赵卬说："车骑将军张安世本来是反对立陛下的，陛下即位后就想杀了他，是我父亲做工作，最后张安世才逃过一劫。"汉宣帝一听，这的确是他不想让人知道的隐私，就逮捕了赵卬。赵卬绝望之下，在狱中自杀了。

赵充国身为将领，每次都勇敢地说出自己的想法，坚持正确的意见，在中国古代中央集权的体制下，这是极其难得的。中国历史上，这样的人是时代风向标，他们如果过得好，这个时代就差不了；他们如果吃亏，这个时代就有问题。

## 国学小课堂

"不必"这个词，在古文中有两种意思，一种是"不必要"，另一种是"不一定"。本章赵充国说的"战不必胜""攻不必取"中的"不必"就是后一种意思。韩愈在《师说》中提到的"弟子不必不如师，师不必贤于弟子"中的"不必"，也是后一种意思，即弟子不一定不如老师，老师不一定比弟子强。

## 21
# 都护行营在轮台

　　西汉老将军赵充国和朝廷反复辩论，最后成功说服汉宣帝和群臣，采用屯田方式，以很低的代价平定了西北边境的羌族叛乱，保证了边疆安宁。赵充国给朝廷分析屯田的好处时，提了12条，其中一条就是在青海湖一带屯田，可以建设前往西域的桥头堡，对汉王朝经营西域有战略支撑作用。

　　汉朝对西域的经营，始于武帝时期张骞出使西域。后来武帝派贰师将军李广利征讨大宛，虽然过程比较曲折，损失也很严重，但毕竟用军事手段震慑了西域小国，加上汉朝严重削弱了匈奴，西域这些城邦国家就转而依附汉朝。

　　匈奴肯定是不甘心就这样失去西域的，汉昭帝时期，匈奴派了4000名骑兵，去西域的车师国屯田。车师是西域的一个城邦小国，大约在今天新疆吐鲁番西北一带。车师东南通往敦煌，向南通往楼兰、鄯善，向西通往焉耆，西北通往乌孙，东北通往匈奴，是丝绸之路上的十字路口，无论是汉朝还是匈奴，要想控制西域，就必须控制这里，所以匈奴人派骑兵屯田，做好了长期占领的准备。

　　汉宣帝本始二年（公元前71年），汉朝派五路大军，联合乌孙征讨匈奴，留在车师屯田的这些匈奴骑兵胆战心惊，不战而退。车师一看他们走了，就向汉朝派出使者，重新恢复一度被隔绝的外交关系。匈奴单于很生气，他现在不敢和汉朝交锋，但对待西域小国还是很凶的。匈奴单于派人通知车师国王，要

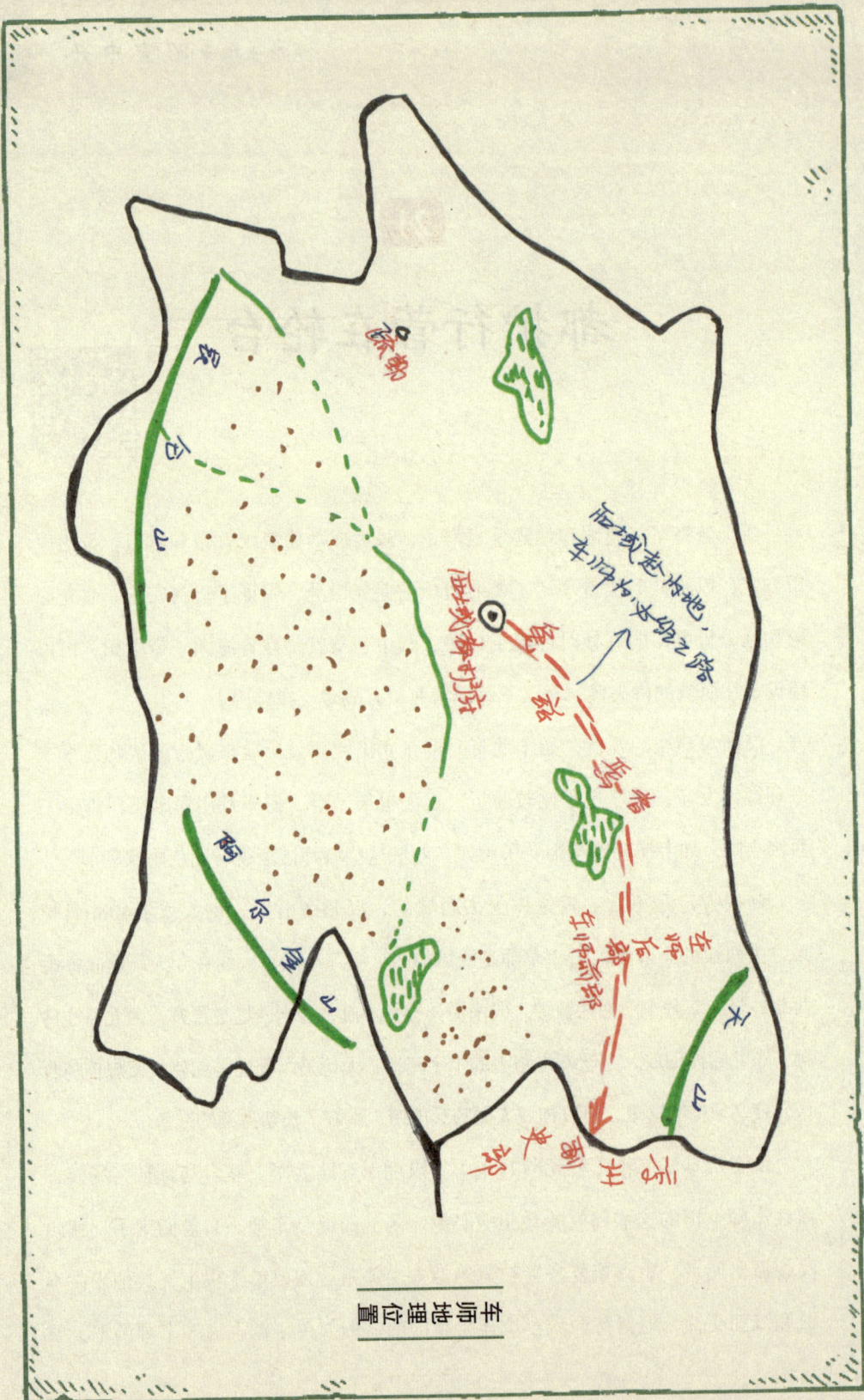

车师地理位置

青海湖

> 我们可以在青海湖一带屯田，建设前往西域的桥头堡，这样对汉王朝经营西域有战略支撑作用。

他把太子军宿送到匈奴当人质。军宿的外公是焉耆国王，他不乐意去匈奴，但不能因为反抗而害了车师，索性逃回了焉耆。

车师国王一看太子逃了，另选了王子乌贵做太子。乌贵从太子变成国王后，外交上重新站队，选择和匈奴结盟。乌贵教唆匈奴，让他们拦截汉朝派往乌孙的使者。

汉宣帝地节三年（公元前67年），西汉朝廷命令侍郎郑吉和校尉司马熹，带着一批被赦免的罪犯去西域的渠犁（lí）。渠犁在今天新疆轮台县一带，这里幅员辽阔、水草丰美、土地肥沃，郑吉带着这些人去屯田。西域地广人稀，距离中原核心区很远，依靠长途运输解决后勤问题肯定是不行的，所以要想在西域长期扎根，就必须自己种地，解决吃饭问题。

汉王朝在西域不可能大规模驻军，只能靠小部队，在精明强干者的带领

诏书使三河募年少将军出

下，运用外交手段，在西域各国之间纵横捭阖，团结尽可能多的人，对付极少数刺儿头。西汉的郑吉，东汉的班超，都是这样做的。

郑吉到了渠犁，从各国征调了1万多人，加上他从中原带来的1500多名屯田官兵，一起进攻车师，罪名是车师背叛汉朝，和匈奴联盟。车师当然挡不住这1万多人的大军，军队战败，车师国王投降。匈奴不能袖手旁观，发兵讨伐车师。苦了车师这些小国，夹在两个强大势力中间，左右难做人。郑吉带着得胜之师北上迎战匈奴，匈奴人欺软怕硬，不敢和郑吉交战，这就等于在西域各国面前丢了脸面，承认了汉朝在西域的主导地位。

郑吉和司马熹留下了1名军官和20多名士兵，让他们监控车师国王。车师国王一看这架势，害怕匈奴人一旦打回来就会杀了自己，于是趁着汉军不注意，一个人骑着马，一口气跑到乌孙去了。郑吉也不去追，只是把车师国王的老婆、孩子送到长安，当作人质。后来在汉朝要求下，乌孙把车师国王送到了长安。

匈奴人扶持车师国王的弟弟兜莫做了国王，但是兜莫不敢继续居住在原来的国都，带着剩下的官员和百姓向东迁徙到离匈奴更近的地方。这样一来，车师那片地就空出来了。郑吉发动了300名士兵去车师故土屯田种地，这就是汉朝在西域屯田政策的开端。

匈奴的贵族大臣对这个动作非常警惕，他们警告单于："车师那里土地肥沃，而且靠近匈奴边界，汉朝如果牢牢占领那里，屯田成功，就能解决粮食问题。解决了粮食问题，就能招兵买马，威胁匈奴安全。我们不能坐视不管，必须去争夺车师。"于是匈奴好几次派兵去攻打在车师屯田的汉军官兵。

那些汉军虽然人少，却挺强悍，一次次击退匈奴的进攻。但毕竟那里只有300人，时间长了肯定会消耗掉。郑吉得到消息，立刻发动渠犁的7000人马去援

车师那里土地肥沃，而且靠近匈奴边界，汉朝如果牢牢占领那里，屯田成功，就能解决粮食问题。解决了粮食问题，就能招兵买马，威胁匈奴安全。我们不能坐视不管，必须去争夺车师。

救，结果被匈奴大军包围，匈奴明显是要吞掉车师那一小股军队。郑吉上书给朝廷："我军在车师的兵力太少，现在我们遭到攻击，我从渠犁去救援，路途上千里，肯定来不及，希望朝廷能增加西域屯田官兵的数量。"

汉宣帝和后将军赵充国等高级将领商量，想趁着匈奴衰弱，出兵攻打匈奴右翼，这样他们自顾不暇，也就没有能力骚扰西域了。但是这个想法遭到丞相魏相的反对，魏相觉得匈奴其实是有和平诚意的，为了西域小国而开启汉匈之间的大规模战争，不明智。更重要的是汉朝刚刚重启了休养生息政策，老百姓刚过上好日子，就又要遭受战乱之苦，这不合适。汉宣帝经过综合考量，觉得魏相说得有道理，但又不能不管西域，最后折中的策略是派常惠带着张掖、酒泉的骑兵部队去车师，把郑吉和他的手下带回渠犁；同时，派人去焉耆，把车师前太子军宿接回车师，让他做了车师国王，再把车师所有百姓都迁到了渠犁，索性把车师交给匈奴。汉宣帝任命郑吉为卫司马，让他去经营护持鄯善以

西的西域南部地区，也就是今天南疆一带。这一轮西汉和匈奴的博弈，匈奴得到了土地，西汉得到了人心，哪个更高明，后来发生的事情会证明。

汉宣帝神爵二年（公元前60年），匈奴发生内讧，匈奴日逐王和新任单于不和，派人到渠犁接洽郑吉，郑吉判断这是经营西域的重大战略机遇，来不及上报朝廷，就从渠犁、龟兹等国征发5万人马，亲自带着去接应日逐王，带回来12000多人和12个贵族。

> 吉既破车师，降日逐，威震西域，遂并护车师以西北道，故号都护。都护之置自吉始焉。 ——《汉书·郑吉传》

大部队走到金城郡黄河拐弯的地方，有些匈奴人不愿意去长安，开始逃亡，郑吉追杀他们，镇住大队人马，把他们顺利地带到了长安。汉宣帝封日逐王为归德侯，在河南那边划出一

大片土地，作为他的封邑。郑吉先破车师，后接受日逐王投降，史书说他"威震西域"。

西域都护这个官职，就是从郑吉开始有的。他原先受命护持西域南道，现在又护持西域北道，从局部监护变成全西域监护，所以就被任命为西域都护。都，是"大""总"的意思。都尉、都护、都督这些官职里的"都"全是"总"的意思，也就是总负责人。西域都护负责督查乌孙、康居等西域大小36个城邦国的动静，有情况随时上报，能安抚的就安抚，不能安抚、不服从号令的，就出兵讨伐惩戒。

郑吉在西域中部地区建立了幕府，修建了乌垒城，这里距离阳关2700多里，在今天新疆轮台县一带。这标志着汉朝在西域开始有效地进行行政管辖，而匈奴人设立的僮仆都尉，就自动消亡了。匈奴和汉朝争夺西域的斗争，从汉武帝开始，到这个时候，就算是分出了胜负。

## 国学小课堂

西域属于内陆河流域，境内一些大河，比如塔里木河，属于季节河。秋冬断流，春夏冰川融化，河水水位上涨，因此可以养育河谷经济。冰川融水沿着地势，在戈壁滩的地下岩层凹陷处汇集，滋润绿洲农业。这就决定了西域的人群聚集是一小块一小块的，环境承载力有限，很难形成大国，只能是依托绿洲和河谷，以及一部分草原，形成诸多小城邦。

# 22

# 中兴大业成追忆

赵充国平定羌族叛乱，为保卫国家安全立下汗马功劳，也树立了一种更为稳健的处理边疆民族关系的模式。汉宣帝甘露二年（公元前52年）十二月，赵充国去世，享年85岁。他的谥号是壮武，从字面就能看出这个谥号是为了表彰他为国家立下的军事功绩。

赵充国去世后不久，匈奴的呼韩邪单于派人到边塞，提出愿意贡献匈奴珍宝，计划在甘露三年（公元前51年）正月朝见汉宣帝，表示匈奴从此与汉朝和平共处，奉大汉皇帝为天下共主，匈奴为附庸国。经过朝廷讨论，汉宣帝决定给呼韩邪单于高于汉朝诸侯王的待遇。汉宣帝甘露三年正月，呼韩邪单于来到长安，享受了很高的政治待遇，跪拜皇帝的时候不用报姓名，只说自己是一方藩臣就行了。朝廷还给他赏赐了无数好东西，大到车马，小到珠宝，一来表示看重他，二来也是展示大汉财力雄厚，暗含了震慑和诱惑。

呼韩邪在长安逗留了一个月，二月份启程回去，临走前向汉宣帝提出请求，说他希望驻扎在汉朝边界附近，有紧急情况时希望能进入汉朝的受降城避难。汉宣帝派了几名将军和单于一起行动，帮助他消灭对手，同时还给他提供了大量的物资和粮食。呼韩邪单于来朝见之前，西域那些国家都怕匈奴，都归顺匈奴；呼韩邪单于来朝见后，他们看清形势，知道匈奴真的不行了，就都开

我们愿意贡献匈奴的珍宝，计划在甘露三年正月朝见汉宣帝，奉大汉皇帝为天下共主，匈奴为附庸国。

始转而臣服于汉朝。

这件事对汉宣帝触动很大，他觉得能取得这种效果，是因为有很多能干的文武大臣做出了巨大贡献，他想用一种特殊的方式来表达对功臣的敬意和怀念。未央宫里有一个建筑，叫麒麟阁，是汉武帝时代修建的。汉武帝逮住了一头奇怪的动物，有人说这是麒麟。麒麟在古代传说能活2000年。古人认为，麒麟是集龙头、鹿角、狮眼、虎背、熊腰、蛇鳞、马蹄、牛尾于一身的动物，出没处必有祥瑞。至于汉武帝抓住的动物到底长什么样，我们不知道，反正他很高兴，专门造了一座小楼来纪念这件事，把麒麟画在墙上。

现在汉宣帝决定把功臣的画像都画在麒麟阁的墙上，一共选了11个人，排在第一的就是当初废掉昌邑王刘贺，扶持汉宣帝即位的大将军霍光。霍光死后，他的家人因为涉嫌谋杀和夺权而被杀光，但汉宣帝并没有抹杀霍光的功劳，特意把他排在功臣第一位，而且非常恭敬地不提他的名字，只是说大司

马、大将军、博陆侯，给予的待遇还是很高的。霍光不只是选择了正确的人当皇帝，更是忠实执行汉武帝遗诏，将国家发展扭转到了休养生息的轨道上，正因为国家实力恢复了，才有可能赢得外交和军事斗争的胜利。

赵充国也在功臣名录上，他是卫青、霍去病之后汉朝最伟大的将军，也是一个宅心仁厚的将军，年轻时代"岁岁金河复玉关，朝朝马策与刀环"，在战场冲杀中求取功名；晚年统领大军，肩负国家边境安宁的重任，并不通过杀人来维护国家安全，而是追求震慑和安抚，这就把他和一般穷兵黩武的武夫区别开来。

曾经在狱中保护过婴儿时期的汉宣帝的丙吉也在功臣名录里，这个人对人好是出于本性，不光是救了汉宣帝，做了高官后，也主张宽松治理社会，宽松对待百姓。

功臣里排名最后的是苏武，他出使匈奴19年，不辱使命，坚韧不拔，是中国历代外交官的典范。

公元前51年，远嫁乌孙的解忧公主已经71岁，身为弱女子，最好的年华都留在了遥远的西域，为汉朝和乌孙的结盟关系做出了难以替代的贡献。她的三任丈夫都去世了，她的地位虽然尊贵，却孤独寂寞，思念家乡。在她之前，细君公主

"年老土思，愿得归骸骨，葬汉地！" ——《汉书·西域传》

就是最终长眠在乌孙的土地上，至死都没能回归故土。解忧公主写信给汉宣帝："我年老啦，希望这把老骨头能回去，埋葬在我们大汉的土地上。"汉宣帝非常同情她，同意她回来。公元前51年冬天，解忧公主回到长安，继续享受公主待遇。两年后，

这位为国家利益付出青春和健康的公主去世，享年73岁。

乌孙 汉朝

黄龙元年（公元前49年），汉宣帝在未央宫病逝，在位25年，享年43岁。

班固对汉宣帝的评价极高：

> 孝宣之治，信赏必罚，综核名实，政事、文学、法理之士咸精其能，至于技巧、工匠、器械，自元、成间鲜能及之，亦足以知吏称其职，民安其业也。遭值匈奴乖乱，推亡固存，信威北夷，单于慕义，稽首称藩。功光祖宗，业垂后嗣，可谓中兴，侔德殷宗、周宣矣！ ——《汉书·宣帝纪》

班固认为他重振汉朝，实现了中兴，管理百官很有一套，治理社会措施得当，重新实现了官吏敬业称职，百姓安居乐

业。总体来说，这个评价是合适的、到位的。汉宣帝这个人，也不是没有缺点，对待大臣过于严苛，一旦恨上某个人，下手就很凶残。霍光死后，他对霍家是非常冷酷无情的，把霍家人都杀光了。他在位的时候，有好几位非常棒的地方官，因为一点过失，就被杀了，老百姓和朝廷官员都觉得可惜，但他无所谓，这一点他很像他的曾祖父汉武帝。另外，司马迁的外甥杨恽被罢职后自己种地，过得很逍遥，不愿摆出一副沉痛检讨的样子，被人告发，汉宣帝看不顺眼，把他腰斩了。

汉宣帝的太子，后来的汉元帝觉得父亲对臣子太严苛了，就找机会劝父亲不要总是这么冷酷，可以用儒家中庸之道来治理国家，结果汉宣帝很生气，说了一句千古名言，一下子说破了古代君主的心里话，他说："我们汉朝有自己的一套制度，是霸道和王道混合起来用，怎么能光相信以德治国的说法，幻想

> "我们汉朝有自己的一套制度，是霸道和王道混合起来用，怎么能光相信以德治国的说法，幻想恢复周朝的制度呢？"

> 不要总是这么冷酷，可以用儒家中庸之道来治理国家。

> "汉家自有制度，本以霸王道杂之，奈何纯任德教，用周政乎！"
>
> ——《汉书·元帝纪》

恢复周朝的制度呢？"霸道，讲实力；王道，讲道德；汉朝的实质是打着儒家的旗号，实际上靠实力维护权利，用道德来要求百姓。汉宣帝的厉害，就在于看清了古代政治的实质，所以特别擅长用刀和利益来统治天下，不听话的砍头，听话的给好处。他一看儿子都已经是太子了，居然连这点都没搞清楚，就长叹一声："乱我家者太子也！"意思是："将来搞乱我们刘家江山的，一定是我这个太子啊。"

司马光看不惯汉宣帝的这套说法，提出了批评，但某种意义上，他也是觉得这种想法是不能拿出来见人的。汉宣帝去世后，汉朝的中兴大业交到了他的儿子汉元帝手上，宣帝不看好元帝，认为元帝会毁了江山社稷，真的是这样吗？有些祸根，是否是汉宣帝自己埋下的呢？

## 国学小课堂

麒麟阁墙上画的功臣共11人，分别是：大司马、大将军、博陆侯霍光；大司马张安世；大司马、车骑将军、领尚书事韩增；后将军赵充国；大司农、御史大夫、丞相魏相；太子太傅、御史大夫、丞相丙吉；太仆、右曹、给事中、御史大夫杜延年；阳城侯刘德；太中大夫、给事中、少府梁丘贺；谏大夫、丞相司直、御史大夫、左冯翊、大鸿胪、太子太傅、前将军、光禄勋、领尚书事萧望之；中郎将苏武。后世往往将他们和东汉的"云台二十八将"、唐朝的"凌烟阁二十四功臣"并提。

# 23

# 糊涂皇帝叫不醒

汉宣帝去世，太子刘奭即位，这就是汉元帝。汉宣帝在世时觉得自己这个儿子糊涂，在大是大非上头脑不清楚，没有认清掌握皇权的要领，因此觉得他会坏事。汉元帝初元元年（公元前48年），《资治通鉴》在他登基后说的第一件事就是他册立皇后王氏，同时封皇后的父亲王禁为阳平侯。

汉朝此前对于侯爵管得很严，刘邦留下的政治遗嘱就是"非刘氏不得王，非军功不得侯"，后来渐渐失效，不过到汉武帝为止，皇后的父亲都不封侯。汉宣帝打破了这个禁忌，汉元帝有样学样，这其实是外戚专权的一个苗头，只不过那时还没人特别在意这件事。

紧接着，汉元帝开始搞扶贫，有明确的贫困标准，凡是家产合起来不够1000钱的，朝廷都提供种子和口粮。后来汉元帝听说琅玡郡的王吉和贡禹都很有学问，就把他们请到宫里来请教。贡禹劝汉元帝要节俭，不要奢侈。汉元帝听他的话，让宫里那些不得宠的嫔妃不要在衣服、化妆上花太多钱；养马的少给马吃粮食，多给它们吃草；上林苑的野兽，少吃点肉。汉元帝这样做也算是有节俭的实际行动，但司马光提出了批评："当臣子的，如果要给皇帝提建议，就提真建议，触及难办的事情，难办的事情解决了，容易办的事情自然就能办妥了。骨头都能啃，还怕嚼不碎肉吗？"他认为汉元帝本来就是一个很节

要节俭，
不要奢侈。

不要在衣服、化
妆上花太多钱。

少吃粮食，
多吃草。

俭的人，不需要总拿节俭说事，当前最大的问题是皇帝身边有坏人。贡禹不说
这些，却去说鸡毛蒜皮的小事，司马光觉得贡禹要么是无知，要么是装傻，后
者更可恶。

臣光曰：忠臣之事君也，责其所难，则其易者不劳而正；补其所短，则其长者不劝而遂。孝元践位之初，虚心以问禹，禹宜先其所急，后其所缓。然则优游不断，谗佞用权，当时之大患也，而禹不以为言；恭谨节俭，孝元之素志也，而禹孜孜而言之；何哉！使禹之智足不以知，乌得为贤！知而不言，为罪愈大矣。 ——《资治通鉴》卷第二十八

司马光可不是瞎说，汉元帝即位不久，他身边几个阴险的家伙就把汉宣帝留给他的顾命大臣萧望之给害死了，而汉元帝从头到尾都被人牵着鼻子走。事情是这样的：萧望之是个很有学问的大臣，在汉宣帝时代就已经得到重用，汉宣帝觉得他有才干也可靠，就把他留给儿子用。汉元帝做太子的时候，他是太子的老师，汉元帝即位，他就是朝中重臣。这时候，外戚、车骑将军史高做了领尚书事。所谓领尚书事，就是大臣兼管尚书。从汉武帝时期开始，尚书成为直属于皇帝、在皇帝身边做事的机要官员，负责起草诏书、上情下达、参与决策，地位很重要。汉昭帝时期，君主年幼，霍光代行天子事，以领尚书事的名义控制着尚书，汉代领尚书事的职务从这时候就开始有了。以后凡当权重臣，都按照这个先例，在自己的职务之外，领尚书事，实际上就是既控制外廷官僚集团，又控制内廷皇帝身边的人，这就打破了内外权力的平衡制约。

史高是领尚书事，萧望之是他的副手。萧望之是皇帝的老师，汉元帝喜欢他，有事老找他，跟他聊，一来二去，史高就不乐意了，觉得萧望之是自己的一个威胁。史高和中书令弘恭、仆射石显结成同党，一起对付萧望之。弘恭和石显都是宦官，石显在汉宣帝时代就得到重用，他这个人精明干练，公文写得好。汉元帝身体不好，就让石显负责接待群臣，有事情先通报给他，然后他再

转告皇帝，这样一来，无形中他就成了一道关卡：他不乐意，你就没法向皇帝汇报，他要是恨你，也可以假借皇帝的名义来整你，所以很多大臣都讨好他，不敢得罪他。他和史高联合起来，萧望之很难做事。

萧望之注意到史家和许家的外戚势力越来越嚣张，而弘恭和石显这两个太监又从中捣乱，就想通过改革内廷官员设置来改变这个局面。他提出一个建议："内廷的中书这个职位，因为涉及草拟诏书、发布政令，所以是一个非常重要的职位，应该由那些业务好、头脑明白、公平正直的人担任。孝武皇帝后期，沉迷于宫廷享乐，为了方便，让宦官去做中书，这个不符合自古以来的规矩，应该撤掉这个职位上的所有宦官，因为自古以来重要的职位是不交给那些受过刑的人的。"

他这样一说，彻底得罪了弘恭和石显，因为他俩都是宦官。萧望之提出这个建议后，群臣讨论半天也没有结果，因为大臣里有很多人是要讨好石显他们的，讨论来讨论去，宦官没赶走，和萧望之志同道合的宗正刘更生倒是从内廷重要岗位上被赶走了，等于萧望之少了左膀右臂。

偏偏这时候来了个搅局的。这个人叫郑朋，浙江人，他想到长安做官，用的手段就是直接上书给萧望之和光禄大夫周堪。周堪看了他写的东西，觉得水平一般，就没搭理他。他又写信给萧望之，大意是：你在这个位子上，如果有宏图大略，我就可以帮你；如果你胸无大志，我就回老家去了。萧望之看他口气很大，觉得可以试一试，就接见了他，想留他做事。但是不久萧望之就发现这个人心术不正，为了升官什么都能做，就不和他来往了。郑朋立刻就去投奔外戚许家和史家，说了一堆他们的坏话，然后说这是萧望之告诉自己的，否则自己一个外地人，哪能知道帝都这么多事？大家看他多坏、多卑鄙！

另一个叫华龙的人，也想投靠周堪和萧望之，没被接纳，也是转身就投靠了外戚，他和郑朋物以类聚。弘恭和石显让这两个人状告萧望之，指控萧望之

阴谋罢免车骑将军史高，清除许家和史家外戚势力。

按照汉朝的制度，大臣在宫里值班，每隔10天就出去休息1天，是10天工作制。弘恭和石显专门等萧望之休假，不在皇帝身边的时候，让郑朋和华龙来告状，汉元帝没当回事，就让弘恭去问萧望之。萧望之也没当回事，他不但没有否认这种指控，还说外戚的确是骄奢淫逸的，控制他们是为了国家，不是阴谋。这样一来，弘恭就可以把他说的话视为认罪了，因为有了口供。

弘恭和石显以此为依据，向汉元帝提出处置办法，说萧望之和周堪、刘更生结党营私、诽谤大臣，离间皇帝和皇亲国戚的关系，有不可告人的目的，建议"致廷尉"。致廷尉就是交给廷尉去办，也就是逮捕下狱。汉元帝这一年刚即位，26岁，也不是小孩子了，可他居然不知道什么叫致廷尉，稀里糊涂就批准了。萧望之、周堪和刘更生都被逮捕入狱。

过了几天，汉元帝有事要问，叫人把萧望之、刘更生和周堪叫来。旁边的人说："他们在牢房里呢，来不了。"汉元帝大吃一惊："怎么在牢房里，不是说致廷尉吗？我以为找一趟廷尉就没事了。"他把弘恭和石显骂了一顿，这两人跪在地上磕头谢罪。汉元帝说："既然如此，就让他们几个出来接着工作吧。"弘恭和石显非常狡猾，他们知道现在自己说话不管用，皇帝在气头上，就找来史高。史高说："陛下刚刚即位，还没有好名声、没有德政，就先把自己的老师关起来了，传出去很不好听。为了保全陛下的颜面，必须先罢免他们几个的职务，表明他们有问题，这样大家才不会觉得关押他们有问题。"

关键时刻，汉元帝再次犯糊涂，其实没罪就是没罪，有罪就是有罪，没罪的大臣干吗要免职呢？正确的做法，应该是惩罚弘恭和石显，公布他们的罪状，这样大家会意识到原来是他俩从中捣鬼，不会认为是天子的过错。可是汉元帝被这帮人牵引着，没罪的人莫名其妙丢了官，有罪的人反倒达到了清除异

己的目的。

萧望之被放出来以后，汉元帝赐予了他关内侯的爵位，任命他为给事中，每个月到朝里见皇帝两次，很显然他的权力和影响力都大打折扣了。过了一阵子，汉元帝又想任命周堪和刘更生为谏大夫，结果弘恭和石显从中阻挠，最后周堪和刘更生被任命为中郎。谏大夫是800石俸禄，中郎是600石俸禄，也打了折扣。汉元帝既不傻，也不是幼儿，但眼看也是30岁的人了，还不能乾纲独断，宦官说什么都听，完全没有是非标准。

后来汉元帝觉得萧望之不用可惜，想让他做丞相，外戚和宦官们当然很不乐意。这期间，发生了一次地震，刘更生想利用地震来打击宦官集团，就让他母亲家的人上书给朝廷，意思是地震就是警告宦官的，皇帝应该把弘恭、石显这些人都清除掉。这封奏章落到了弘恭他们手里，毕竟他们给皇帝处理日常文书，对这一套非常熟悉。他们怀疑是刘更生干的，找了个罪名逮捕他、拷问他，结果刘更生招认

了，最后被罢免一切官职，废为庶人，做了平头百姓，萧望之损失了一个帮手。

而萧望之的儿子萧伋也下了一步臭棋，他上书给父亲喊冤，说上次逮捕萧望之太冤枉。既然是告状，就要交给有关部门来处理，那些人都不敢得罪石显和弘恭，最后得出结论："上次逮捕萧望之，并没有冤情，萧望之也说自己有意清除外戚，没人诬告他。萧望之教唆儿子告状，还引用了古人说无辜的诗歌，不像个大臣该有的样子，对朝廷不恭敬，应该逮捕。"

弘恭和石显知道萧望之这个人性格高傲刚健、宁折不弯，就想利用他这个性格来打击他。他们编了一套说法来诓骗汉元帝："萧望之此前侥幸没有被起诉，还恢复了爵位和待遇，按说他应该感恩悔罪，结果他不但不这样，还教唆儿子告状，把责任推到陛下身上，这就是仗着他是陛下的老师，所以有恃无恐，自以为国家法律奈他不得。如果不让他尝尝监狱的滋味，他是不会改变的，还会一肚子怨气，陛下对他的一番好意也就白费了。"汉元帝说："太傅一向性格刚烈，他会轻易屈服，去监狱面对狱吏吗？"石显说："人命是最贵重的，没有人会轻易去死，再说他没什么大罪，就是说话不好听，去了也没事，不用担心。"

这里面的圈套是什么呢？圈套就是古代有个说法："士可杀不可辱。"萧望之性格刚毅、宁折不弯，上次无罪入狱，已经很悲愤了，这次再来一遍，就算不是重罪，这种羞辱也是他不能承受的。石显他们算准了萧望之这次一定会宁死不屈，就故意逼他去死。而汉元帝的糊涂在于：既然石显都说了萧望之只是说话不好听，没有什么大罪，就不应该逮捕他，而且应该深入追究石显他们为什么总是不放过萧望之。

汉元帝没有这种头脑，再一次给石显这几个恶棍当了帮凶。汉元帝初元二年（公元前47年）十二月，石显等人把汉元帝的诏书密封起来，让人当面交给萧望之，同时派宫廷禁卫部队的大队人马包围了萧望之府邸。后面这个行为，并不是皇帝的意思，但他们这么做，皇帝也不知道，这就是宦官掌握权力的问题所在。使者到了萧望之府上，叫萧望之出来接旨，因为诏书是封起来的，实际上使者也不知道里面说的是什么。萧望之听到使者来了，又发现自己家已经被军队包围，就产生了一个误判，以为是皇帝传召逮捕他甚至处决他，这就是宦官们想要取得的效果。

萧望之有个门客，叫朱云，山东人，这个人很在意名节，也具有士可杀不可辱的这种价值观，他劝萧望之自杀。萧望之长叹一口气："我曾经做过很大的官，出将入相，知足啦。现在60多岁，还要一把老骨头去监狱里苟且偷生，岂不是太低贱卑下了吗？朱云，你去给我调制毒药吧。"说完他就喝毒药自杀了。

消息传来，汉元帝大吃一惊，说："我本来就觉得他不会去监狱，现在果然害死了我的好老师。"这时候已经是吃饭时间，汉元帝痛哭流涕，不肯吃饭，左右的人跟着哭。汉元帝把石显这些人叫来，指责他们考虑不周，导致萧望之自杀。他到这时候也看不穿这些人根本不是考虑不周，而是要置萧望之于死地！石显那几个人表面上摘了发冠，披头散发跪地谢罪，心里却偷着乐。皇帝哭了很久，凶手跪了很久，这事情也就过去了。

汉元帝思念萧望之，每年都派人去给他扫墓祭祀，一直坚持到自己驾崩为止。司马光批评汉元帝糊涂、不开窍。

> 臣光曰：甚矣孝元之为君，易欺而难悟也！夫恭、显之谮诉望之，其邪说诡计，诚有所不能辨也。至于始疑望之不肯就狱，恭、显以为必无忧，已而果自杀，则恭、显之欺亦明矣。在中智之君，孰不感动奋发以厎邪臣之罚！孝元则不然。虽涕泣不食以伤望之，而终不能诛恭、显，才得其免冠谢而已。如此，则奸臣安所惩乎！是使恭、显得肆其邪心而无复忌惮者也。
> ——《资治通鉴》卷第二十八

> 我曾经做过很大的官，出将入相，知足啦。现在60多岁，还要一把老骨头去监狱里苟且偷生，岂不是太低贱卑下了吗？朱云，你去给我调制毒药吧。

司马光认为就算一开始看不出石显有阴谋，萧望之死后，就是中等智商的人，也应该能看穿了。石显和弘恭策划实施了这么大的阴谋，害死了重要的大臣，却没有付出任何代价，这就让他们看清了皇帝好对付，从此以后更加有恃无恐，而他们越得势，汉朝的政治也就越堪忧了。石显后来长期掌握大权，害死了很多位忠于朝廷、试图唤醒汉元帝的臣子，制造了一起又一起滥杀无辜的冤案。

正不压邪，劣币驱逐良币，西汉曾经健康质朴的政治风气，一去不复返了。汉宣帝被称为中兴皇帝，但是他前脚刚走，暮色就笼罩在了未央宫上方。

## 国学小课堂

萧望之被免职后，保留的待遇之一是"朝朔望"。朔，是农历每月初一；朔字有"最初""起初""初始"的意思；望，是农历每月十五。也就是半个月朝见皇帝一次，比起此前每天都能见到皇帝，这是边缘化很多了。

# 24

# 不安分的小职员

汉元帝稀里糊涂地帮着石显害死了他的老师萧望之，他先是做了帮凶，事后明白过来，又不惩办凶手，只是骂一顿了事。石显从此摸准了汉元帝的脉，表面上忠诚温顺，实际上不动声色地把该办的事情都办了，慢慢地掌握了实权。陈汤在这种朝局背景下登场了。

陈汤是寒门出身，小时候还当过乞丐。这可真不幸，因为西汉虽然是寒门子弟刘邦建立的，但到了末期，社会格局基本固化了，不是贵族子弟就很难出人头地。表面上看，朝廷还在维持察举孝廉、贤良方正、茂才异等制度，也就是民间有才华的人、行为纯良的人、道德高尚的人，都可以被举荐到朝廷里去做小官，一步步晋升。但实际上，到了汉元帝的时候，能够被举荐上去的，都是高门大户子弟，因为有举荐资格的评委，本身就是大家族出身的地方官和乡绅。这样一来，像陈汤这样的草根小子，就算饱读诗书，人家也不看好他。

后来，陈汤凭借自身努力，做了个小官吏，职责大约是管理机关食堂。他像雷达一样，一边工作着，一边机敏而耐心地扫描着机会，后来机会果然就落在了他头上，他的贵人出现了。

陈汤的贵人叫张勃，人家有爵位，是富平侯，世袭贵族。他的祖上张安世，是著名酷吏、法学家张汤的儿子，是汉武帝、汉昭帝、汉宣帝三代重臣，

是上了汉宣帝专门建立的麒麟阁的。张勃是有着非常丰厚政治人脉的官二代，是汉元帝身边的红人。我们不知道陈汤是怎么遇到张勃的，也不知道他俩是怎么相见恨晚的，反正张勃很欣赏陈汤。初元二年（公元前47年），汉元帝下令公侯大臣推荐能人，张勃就举荐了陈汤。举荐了不等于马上就有官做，得等着位子空出来。就在陈汤等着编制空出来的时候，晴天霹雳，他父亲去世了。

按照中国古代的礼制，父母去世，在外地的儿子，不论在做什么，都要赶回去奔丧。奔丧，就是必须得快，得排除万难。当官的也得暂时离职，皇帝一

贵族子弟

人生巅峰

寒门子弟

般都不能拦着。老人下葬后，还要守孝，最初是3年，后来简化了，但也不能下葬后立马就走。陈汤很纠结：不奔丧，那简直就是冒天下之大不韪，一定会身败名裂。要知道，汉朝皇帝是号称以孝治天下的，所有皇帝的谥号上都要带一个"孝"字，东汉、西汉都是这样的，像孝文皇帝、孝景皇帝、孝明皇帝、孝章皇帝等。孝是价值观的体现，君主自然不能容忍臣子不孝。这中间的逻辑是：如果不孝顺父母，怎么可能忠于国君。可是如果奔丧，就意味着错过当官的机会。等着当官的不是只有陈汤一人，编制也不会长期空着等他回来。陈汤辛辛苦苦熬到今天，很不容易，所以他最后的决定是：不去奔丧！

在这个问题的取舍上，陈汤毫无保留地展示了他的性格。第一，一旦他看重某个目标，那么相形之下，其他的就都不重要了。用古人的话说，这叫"举大事者不顾家"。第二，在他奔着目标去的时候，他不在乎别人说什么，不忌惮世俗标准。但是现实非常骨感地把他打趴下了。人们得知陈汤"官迷心窍"，为了做官连父亲死了都不管，纷纷谴责，发起弹劾。朝廷既然以孝治天下，自然不能放过任何坏典型。举荐陈汤的张勃，看走眼了，要追究责任。他是富平侯，享受一定户数的租子，现在因为看走眼被砍掉了200户。至于陈汤，抓起来，关进监狱。没进衙门，先进牢门；没戴官帽，先戴手铐。

好在还有其他人举荐他，加上张勃私底下也打点了一番，陈汤后来被释放出来，还做了宫里的一个低级文官，工作就是抄抄写写、端茶送水之类的，又回到了夹着尾巴做人的老路。不过陈汤毕竟是陈汤，绝不肯把自己埋没在公文堆里。他不断向朝廷递申请，要求到艰苦的边远地方去为国效力。功夫不负有心人，几年后，西域都护府首任校尉郑吉年老退休，朝廷需要派新的年轻官员去接任，陈汤被任命为西域都护副校尉，到塞外去了。他的一把手，也就是西域都护校尉，叫甘延寿。哥俩搭档，到乱哄哄的西域搞外交。

此时距离汉武帝最后一次大规模进攻匈奴，已经半个多世纪了，在汉朝连续打击下，匈奴元气大伤，再也没有能力主动攻击汉朝。到了汉宣帝时期，5个单于争夺王位，郅支单于最后胜出。郅支单于囚禁并杀害汉朝使者，背叛自己的恩人康居王，杀死自己的妻子，也就是康居王的女儿，欺凌周边小国，对汉朝使者傲慢无礼。他大约觉得汉朝一定会报复他，而且对汉朝骑兵长途奔袭的能力记忆犹新，所以就远远地躲到西域去了，在今天北疆靠近中亚的地方建立了一个临时营地，准备慢慢扩大地盘。

这个时候的西域和中亚有一堆小国，如果老天垂青匈奴，郅支单于没准能渐渐坐大，逐渐成为纵贯中亚和西域的强大军事帝国。无论是对于汉帝国还是西域、中亚诸国，那都是一个噩梦。看起来这个梦想可以实现了，因为无论郅支单于多么讨厌，此时的汉朝都没有出兵征伐他的意图。一来汉武帝在位时折腾得太厉害，之后的皇帝都以休养生息为己任；二来郅支单于虽然胡闹，却是在远离汉朝边境的地方胡闹，不攻取城池，不掠夺人口，对朝廷不造成压力；三来汉元帝在对外扩张上没有野心，他就喜欢太平无事，温文尔雅地写诗、弹琴、练字、下棋，不乐意种种雅兴被狼烟打断。

事实上甘延寿和陈汤去西域，随身带领的队伍，充其量只能叫警卫营，根本就不是一支用于远征的野战部队，这也是汉朝不打算对西域用兵的一个强有力的证据。说到这里，大家必须搞清楚一点：无论是西汉还是东汉，他们对西域从来没有大规模派驻过军队。从张骞开通西域开始，汉王朝就一直在用一个杠杆来撬动西域的国际关系，就是利用西域诸国之间错综复杂的关系和矛盾，没事的时候大家一团和气，有事的时候组团对付一个挑事的小国。西域都护府最高长官从一开始手头就没有多少兵，能组织几万人出征，靠的都是西域多国部队。现在汉朝派给甘延寿、陈汤的任务是去搞统一战线，能维持和平就行，如果能说服郅支单于不挑事，那就是更大的胜利。

陈汤这个人，骨子里不喜欢平淡无奇的生活，喜欢跌宕起伏的人生。史书说他每到一地，就喜欢看地形，这里是阴，那里是阳；这里适合埋伏，那里适合野战。他自言自语地排兵布阵，煞有介事地指挥，在和平年代的官员看来，简直不正常。

> 汤为人沉勇有大虑，多策谋，喜奇功。每过城邑山川，常登望。
> ——《汉书·陈汤传》

可是妙就妙在，同事们都知道他满脑子战争，是个唯恐天下不乱的家伙，却绝不会有人向朝廷报警，指出他根本不适合搞外交。也许朝廷就是想把这个刺儿头远远地打发到西域去，让他在那里自生自灭。总之，汉朝在这个时候，似乎患上了某种"血栓"，没法做到下情上达，大家都在混日子，谁在乎陈汤会不会坏了大

汉的外交大局呢？

陈汤一出国境，就对甘延寿和盘托出自己的打算："西域小国根本挡不住郅支单于，要是不趁他现在羽毛还没丰满就干掉他，等他真正像老鹰一样展翅翱翔时，怕就整不了他了。他要是控制了西域，威胁河西走廊，打扰我们金城郡，窥探关中，那张骞前辈、卫青大将军、霍去病大司马不就白折腾了吗？他现在既没有高大的城池，又没有精锐善射的骑兵，而我们在西域有屯田的士兵，那几个被郅支单于欺负的国家，也能派兵给我们用，我们凑上几万人，出其不意地去攻打郅支单于，以多胜少，他守也守不住，跑又跑不掉，只能乖乖地束手就擒。这样的话，我们既能给死去的使臣报仇，又能给大汉找回面子，这就是你我扬名立万、捞个大勋章的时候啊！"

大家看，陈汤是很善于游说的，他知道前面的形势分析得再好，也不能少了最后那一句。也就是说，要让一把手甘延寿看到这件事的甜头何在。果然，甘延寿动心了。他也知道，如果没有特殊贡献、特殊功劳，西域都护府校尉这个差事，跟发配没什么两样。在西域待着，抬头是雪山，低头是戈壁，满耳朵都是听不懂的话，满心都是思乡情，有个风吹草动，人家就造反了，自己就被困在孤城里了。要是朝里有个变故，靠山没了，谁会惦记着把自己换回来，就等着老死在沙尘暴的源头吧。陈汤的计划如果顺利，那得给朝廷挽回多大的面子啊！皇上一高兴，官位、封地、财宝，那还不是哗哗地来！

刚开始甘延寿具有本分官员都有的毛病，那就是他们习惯于请示汇报，绝不会自己拿主意，因为那意味着自己担责任。他提出要奏请朝廷同意。陈汤坚决反对，他认为朝廷里那些当官的，谋算的都是对自己的官位有利的事，他们一讨论、一研究，这件事百分之百就黄了。你如果不请示，做成了还有转圜余地；你如果请示了，人家给否定了，你再想干，那就是抗命了。

这就是你我扬名立万、捞个大勋章的时候啊!

甘延寿琢磨了一阵,最后决定还是要发一个公文给朝廷。这个时候,老天爷大概是想帮陈汤一把,他老人家动了动小指头,甘延寿就病了。他这一病,行文的事情自然就没了下文。陈汤急得像热锅上的蚂蚁,担心拖得太久,形势发生变化,就不好动手了。陈汤最后一跺脚,决心破釜沉舟干一票。

## 国学小课堂

按照古代礼法制度,父母去世后,儿子如果在外地做官,不论官大官小,手头有多重要的事,都得立刻去奔丧,然后长则3年,短则1年不能回来。如果皇帝不放他们走,命令他们不得回去奔丧,就叫"夺情"。明代张居正出于事业和权力斗争考虑,父亲死后没有及时回去,万历皇帝也叫他夺情,于是他留在北京继续当权,这成为他被御史们攻击的一个重要把柄。清代曾国藩在镇压太平天国的战争进程中也遇到过这种两难。

# 25

# 犯强汉者虽远必诛

陈汤想发动西域各国兵力讨伐郅支单于，甘延寿虽然同意，却坚持要请示朝廷，但他忽然病倒，把请示的事情耽搁了。陈汤非常着急，担心错失战机，最后他一咬牙，决定豁出去了。

陈汤假传圣旨，声称朝廷授权他和甘延寿带兵讨伐郅支单于，因此可以调集汉朝在西域的屯田兵和车师国的军队。甘延寿在病榻上听到陈汤假传圣旨，第一反应就是：吓死了！甘延寿想马上叫停陈汤胆大包天的行动，不料此时的陈汤已经是开弓没有回头箭，他不惜手握佩剑威胁甘延寿，意思是现在大军已经在集结，不可能将他们解散，你要是想阻挠我，后果自己掂量！甘延寿一看这阵势，知道已经无法阻止陈汤了。既然没法刹车了，不如搭车一起干，这样军功章还能有自己一半。

想法一旦统一，事情就好办了。陈汤和甘延寿带领多国部队兵4万多人，兵分6路，向郅支单于所在地进发，最后把他包围在一个要塞里。郅支单于的城堡被攻破，单于本人在战斗中损失了好几个老婆，自己鼻子上也被射了一箭，最后被蜂拥而上的汉军捅成了渔网。汉军解救了两名被郅支单于扣押的汉朝使者，消灭匈奴军队和官员2000多人，给此前被害的汉朝使者谷吉报仇雪恨了。郅支单于的脑袋被送到长安，挂在街市上示众。和郅支单于的脑袋一起送到长安的，还有陈

汤和甘延寿的联名捷报。这个奏章非常短，却气势磅礴，我们试着翻译一下，看
能不能传达出那个感觉：臣等听说天下大义是四海一统，过去唐虞盛世如此，如
今强盛大汉亦如此。匈奴呼韩邪单于已经成为大汉北方的戍边人，只有郅支单于
还胆敢叛逆，没有受到严惩。大夏往西，各国都以为大汉不能让郅支臣服。此人
行径残忍，荼毒百姓，罪恶滔天，上苍不饶，臣甘延寿、臣陈汤带领正义之师，
展开天命讨伐。因为陛下英明，阴阳和谐响应，天气、精神好，我们冲锋陷阵，歼
灭顽敌，斩了郅支单于和他的王公们。应该把他的人头，挂在各国使臣旅居的街道
上，让万里之外的国度都能看到，冒犯我强盛大汉的人，距离再远也会被严惩！

　　我们仔细研究这个奏章，会发现除了结尾那句名言"犯强汉者虽远必
诛"，真正见功力的是陈汤给汉元帝拍了一个巨大的马屁。大一统的汉朝不能
容忍有人反叛，将士们出征是执行遵循君临天下的精神，英明的皇帝指引臣子
走向胜利，最后的胜利巩固了大汉的权威。大家想想，有几个皇帝看到这样的
奏章，能做到不心潮澎湃呢？

写奏章时，陈汤把甘延寿的名字排在了前头。一来甘延寿本来就是一把手，二来陈汤就是要用这种方式，牢牢地绑住甘延寿，让他觉得没有白干这一回。要不然的话，甘延寿一旦不痛快，回去说"我是被陈汤要挟的，我在病榻上被他用剑指着脖子"，那岂不是又加了一个挟持上级的罪名？

严格来说，这次军事行动连战役都算不上，充其量就是一次战斗。陈汤、甘延寿组织了4万多人，对付匈奴不足3000人，也算是杀鸡用牛刀，所以迅速结束了行动。可是，这场小战是西汉和匈奴百年战争的真正句号。郅支单于死后，呼韩邪单于立刻宣布臣服于汉朝，而康居王很快就送孩子来做人质。当然大家都不会说自己被吓破胆了，不愿意像郅支单于那样被杀。但是后来的历史学家都相信，陈汤、甘延寿此举是压垮匈奴和康居王的最后一根稻草。

说到这里，我们必须承认，陈汤作为一名军人是很杰出的。《孙子兵法》认为，一名成功的将领要有5种品德，就是"智、信、仁、勇、严"，即有智谋、有诚信、有仁义、有勇气、有纪律。后世很多军事家，包括日本兵家，都认为勇气应该排在第一位。为什么呢？因为没有勇气，就不会做出正确的决策。勇，并不只是敢于在百万大军中冲锋陷阵，而是敢于决策、敢于承担决策后果，包括敢于承担对自己不利但能够赢得胜利的决策。陈汤就是因为有足够的勇气，才会发起战斗、赢得胜利。他的这种魄力，就是明知可能获罪也要行动的魄力，这是优秀职业军人特有的品质，可能不讨政客喜欢，但唯胜利论的人们，会衷心点赞。在这个基础上，陈汤的判断很准确，后来的攻守形势，丝毫不差地按照他的设计展开了。

仗打完了，陈汤顶着英雄的光环带领队伍凯旋，他其实应该想得到，这次辉煌的胜利是靠假传圣旨换来的，世界上没有比这更好的整人理由了。假如他早生几代，在汉武帝手下效力，估计仅靠这一仗，就飞黄腾达了。但是大大出乎他意料的是，迎头打来的第一棍，居然不是追究他假传圣旨，而是查他的经济问题。

勇气应该排在第一位。

孙子兵法

智信仁勇严

原来陈汤虽然打仗是一把好手，却一贯贪财。攻克郅支城后，汉军缴获了大量财物，按照法律，这样的战利品是要上缴国库的，但陈汤私自藏起来不少，知情者在西域时便已经向朝廷举报了。所以朝廷不等陈汤回来，便派司隶校尉去拦路搜查，准备拘捕陈汤。

在古代名将中，清廉的不多。一方面，打仗是危险的差事，每个人都有强烈的补偿意识，战后要享受，妻子、儿女要安顿；另一方面，很多人也是用这种方式来求安全，让皇帝知道自己没有野心，是可以控制的。事实上，皇帝也喜欢手下胸无大志，可以用金钱、女人收买。但是陈汤不在此列，他不存在"自我污染"的必要，他就是贪财。估计这和他悲惨的童年有关系，大概是饥饿留给他的印象太深刻，造成了一种根深蒂固的恐惧，所以他本能地喜欢敛财。

遭遇突如其来的闷棍，陈汤机敏的应变能力再次展现出来。他停止行军，原地驻扎，不跟着司隶校尉走，而是立即上书汉元帝，为自己申辩。他的申辩技巧很高明，他没有纠缠是否贪污的事实，而是在道义高度上说话：

"臣与吏士共诛郅支单于，幸得禽灭，万里振旅，宜有使者迎劳道路。今司隶反逆收系按验，是为郅支报仇也！" ——《汉书·陈汤传》

"我和将士们不远万里诛杀郅支单于，给朝廷雪耻，为使者报仇，按理说，朝廷应派出使者来犒赏三军。如今不见鲜花、掌声，却是司隶来审问，还要拘捕我，这不是为郅支报仇吗？"

言下之意，就是你身为皇帝，不懂抓大放小，只会斤斤计较，让亲者痛，仇者快！当然这话绝对不能明说，只能暗示。陈汤知道，挽回帝国面子是皇帝最开心的事儿，放大这个功劳，自然就压缩了其他罪责。果然，汉元帝一看到陈汤的奏折，便传旨中止调查，命令沿途各地摆设酒食夹道欢迎得胜之军。汉元帝很清楚大家怎么评价他，最忌讳的就是人家说他糊涂。既然陈汤暗示他在抓小放大，那他就一定要证明自己是抓大放小的。

真正的麻烦在后头。回朝之后，论功行赏，真正的战争开始了。陈汤发现他可以在西域叱咤风云，回到长安的宫殿里，却在官僚们的软刀子面前无计可施，十分窝囊。中书令石显，就是设圈套害死汉元帝老师萧望之的那位宦官，还有宰相匡衡坚决反对给甘延寿和陈汤任何赏赐。理由是："他们假传圣旨，已经犯下死罪，要不是有诛杀郅支单于的大功，现在就该砍脑袋，哪还能给赏赐！设想一下，要是赏赐了他俩，那么今后出国使者都争先效仿，今天杀一个单于，明天砍一个国君，那岂不是天下大乱了，给朝廷惹事。"

石显和匡衡是对还是错啊？这个还真是难以判断。从摆在桌面上的理由看，他们说得对。石显是个阴险的家伙，但是不等于阴险的家伙就不会说出正确的话。一个帝国的文官，有理由对武将们的自由行动保持警惕，否则军队不但可能在外部胡来，也可能在内部胡来。但是也还要考虑到另一层没法明说的东西，那就是这次重大胜利，不是石显等人主导的，不是他们的政绩。这么说吧，要是文官认同陈汤的计划，由他们说服皇上，派出军队，最后胜利成果既要归于三军英勇，也要归于中枢英明，这样就皆大欢喜了。现在军方绕过朝廷

我和将士们不远万里诛杀郅支单于，给朝廷雪耻，为使者报仇，按理说，朝廷应派出使者来犒赏三军。如今不见鲜花、掌声，却是司隶来审问，还要拘捕我，这不是为郅支报仇吗？

要害部门，擅自行动，目中无人，关键是最后成果也独吞了，而且显得朝中一帮大臣很无能，大家说他们能舒服吗？

还有个程序正义问题。石显，中书令，一个太监，伺候皇帝的内臣，居然能和宰相拥有同等的话语权，能对一个将军的赏罚生死做决定性发言，这个对于一个王朝来说太不正常了。但是没有办法，陈汤就是落到了这样的一个权力组合手里，匡衡虽然是宰相，却没有实权，因为从汉武帝开始，西汉就是弱化宰相权力的。更何况匡衡虽然小时候凿壁借光，是个刻苦学习的榜样，但在政治上并没有太多骨气，他不敢和石显唱反调。

这时候，就不能不说个人恩怨的威力。甘延寿一表人才，武功很好，石显

想把自己的姐姐嫁给他，不知道甘延寿是嫌弃这个姐姐本人，还是觉得有个太监小舅子丢人，反正他没有答应。石显是说一不二的人，别人想巴结还排不上队，甘延寿居然就生生窝了他的面子，他怎能不恨？

丞相匡衡和御史大夫繁延寿，本来就反感陈汤假传圣旨，等陈汤、甘延寿胜利归来，他俩本指望陈汤、甘延寿会用某种方式也赞美他们一下，分点甜头给他们，那么他们也就借坡下驴，把这件事含混过去了。谁知陈汤、甘延寿只知道拍皇帝马屁，表扬三军勇敢，愣是舍不得夸他俩两句。于是，他们失望之下，就决然阻击了。

大家瞧瞧，很多时候，没有什么神圣的理由，只有个人恩怨。其实这时候，一切都看汉元帝怎么裁断。如果他更警惕军方将领自作主张的苗头，那就支持石显，不给陈汤、甘延寿任何赏赐。如果汉元帝足够高明的话，可以私下里宴请两位将领，严厉教训他们假传圣旨，但也热情鼓励他们勇敢作战，给足面子，准能让他们感激涕零。如果汉元帝不觉得陈汤矫诏算什么大毛病，而是更在乎实际效果，那就乾纲独断，重重赏赐，鼓励军人们为国家尊严而奋战。可问题就在汉元帝犹豫不决，两头都不想得罪，他没有手段啊。

《西游记》里孙悟空骂龙王爷，说"你个带角的蚯蚓，长鳞的泥鳅"。其实想一想，皇帝要没有真龙天子的手段和气魄，就真算不得龙，跟蚯蚓、泥鳅差不多。汉元帝觉得石显有道理，又觉得不能亏待陈汤、甘延寿，既然没法当场拍板，索性就拖下去。问题是矛盾就摆在那里，拖是解决不了的。一把手，最忌讳这样，因为这样下边的人就凌乱了。两边都不得罪，最后两边都不领情。身为天子而扮演老好人角色，最后就全给人留下昏庸懦弱的印象。

这时候，有个重量级的人出马了。谁啊？宗正刘向。刘向是西汉大学问家，是汉室宗亲里最有文化的人，说话对皇帝很有影响力。刘向认为对待甘延

寿和陈汤仅以功过相抵是不公平的，应该好好赏赐。他给汉元帝上书，认为"陈汤、甘延寿任务很艰巨，战果很丰硕，影响很深远，反响很强烈，可以和本朝最伟大的功臣比肩，甚至改变了格局，呼韩邪单于最终铁了心跟着汉朝，很大程度上就是被陈汤之举给震慑了。"

刘向这篇文章，固然高度评价了陈汤、甘延寿二人，但骨子里还是大大地拍了汉元帝的马屁，暗示他是一代明主，开创了不亚于本朝先辈圣君的功业，是能够驾驭功臣的雄主。汉元帝看完，果然龙颜大悦，再次下令让大臣讨论怎样封赏陈汤、甘延寿。明眼的大臣一看皇帝再次发起这个议程，就明白皇帝志在必得，但是石显、匡衡仍然坚持不让步。最后，汉元帝终于独断专行一次，下令封甘延寿为义成侯，赐陈汤爵位为关内侯，各赏食邑300户、黄金百斤，并拜陈汤为射声校尉，甘延寿为长水校尉，都是中央警卫部队的高级官员，算是在皇帝身边带兵的人了。

这故事到此似乎应该结束了，英雄最后得到褒奖，朝廷不负忠臣良将，挺好。可是在一个王朝没落的时候，一切事情都有可能发生，陈汤的故事，不会就这样大团圆结局的。

## 国学小课堂

甘延寿、繁延寿，赵广汉、许广汉。大家只要留意就会发现，西汉叫延寿和广汉的历史人物特别多。这不是一个偶然现象，是人名反映时代精神的表现。延寿，是希望活得久一些，这和汉代君主、王侯将相纷纷求仙，渴求长生不老有关；而广汉，则和汉朝开疆拓土带给人民的自豪感有关。到了南北朝，佛教盛行，加之苦难深重，名字里带"僧"字的人很多。